INTERVENÇÃO DE TERCEIROS

0910

Conselho Editorial
André Luís Callegari
Carlos Alberto Molinaro
César Landa Arroyo
Daniel Francisco Mitidiero
Darci Guimarães Ribeiro
Draiton Gonzaga de Souza
Elaine Harzheim Macedo
Eugênio Facchini Neto
Gabrielle Bezerra Sales Sarlet
Giovani Agostini Saavedra
Ingo Wolfgang Sarlet
José Antonio Montilla Martos
Jose Luiz Bolzan de Morais
José Maria Porras Ramirez
José Maria Rosa Tesheiner
Leandro Paulsen
Lenio Luiz Streck
Miguel Àngel Presno Linera
Paulo Antônio Caliendo Velloso da Silveira
Paulo Mota Pinto

Dados Internacionais de Catalogação na Publicação (CIP)

U88i   Ustárroz, Daniel
        Intervenção de terceiros / Daniel Ustárroz. – 2.ed. rev. e atual. de acordo com o CPC/2015. Porto Alegre: Livraria do Advogado, 2018.
        126 p., 23cm.
        Inclui bibliografia.
        ISBN 978-85-9590-040-0

        1. Intervenção de terceiros: processo civil. 2. Assistência. 3. Denunciação da lide. 4. Chamamento ao processo. 5. desconsideração da personalidade jurídica.   6. Amicus curiae. I. Título.

CDU 347.921.3

Índice para catálogo sistemático:
1. Intervenção de terceiros: Processo Civil

(Bibliotecária responsável: Marta Roberto, CRB 10/652)

Daniel Ustárroz

INTERVENÇÃO DE TERCEIROS

2ª EDIÇÃO
revista e atualizada
de acordo com o CPC/2015

Porto Alegre, 2018

© Daniel Ustárroz, 2018

Capa, projeto gráfico e diagramação
Livraria do Advogado Editora

Revisão
Rosane Marques Borba

Direitos desta edição reservados por
Livraria do Advogado Editora Ltda.
Rua Riachuelo, 1300
90010-273 Porto Alegre RS
Fone: 0800-51-7522
editora@livrariadoadvogado.com.br
www.doadvogado.com.br

Impresso no Brasil / Printed in Brazil

Ao saudoso professor Carlos Alberto Alvaro de Oliveira, exemplo de docente e magistrado.

Aos amigos Caetano Cuervo Lo Pumo, Duilio Landell de Moura Berni, Éderson Garin Porto, Felipe Camilo Dall´Alba, Francisco Tiago Duarte Stockinger, Guilherme Nassif Azem, Gustavo Bohrer Paim, Hande Martins Dias, Juliano Spagnolo, Marcelo Corrêa Restano, Miguel Tedesco Wedy, grandes amigos e companheiros acadêmicos.

"C'è chi insegna
guidando gli altri come cavalli
passo per passo:
forse c'è chi si sente soddisfatto
così guidato.
C'è chi insegna lodando
quanto trova di buono e divertendo:
c'è pure chi si sente soddisfatto
essendo incoraggiato.
C'è pure chi educa, senza nascondere
l'assurdo ch'è nel mondo, aperto ad ogni
sviluppo ma cercando
d'essere franco all'altro come a sé,
sognando gli altri come ora non sono:
ciascuno cresce solo se sognato".

Danilo Dolci

Abreviaturas

AC .... Apelação Cível
AI .... Agravo de Instrumento
Ajuris .... Revista da Associação dos Juízes do Rio Grande do Sul
AR .... Ação Rescisória
ARE .... Agravo em Recurso Extraordinário
AResp .... Agravo em Recurso Especial
BGB .... Bürgerliches Gesezbuch (Código Civil alemão)
C.C. .... Câmara Cível
CCB .... Código Civil brasileiro
CDC .... Código de Defesa do Consumidor
CF .... Constituição Federal
CODECON .... Código de Defesa do Consumidor
CPC .... Código de Processo Civil
Des. .... Desembargador
DJ .... Diário da Justiça
ED .... Embargos Declaratórios
EI .... Embargos Infringentes
Gênesis .... Revista Gênesis de Direito Processual Civil
MC .... Medida Cautelar
Min. .... Ministro
Op. cit. .... Obra citada
RDCPC .... Revista Síntese de Direito Civil e Processual Civil
RE .... Recurso Extraordinário

Rel.	Relator
RePro	Revista de Processo
REsp	Recurso Especial
RJ	Revista Jurídica
RT	Revista dos Tribunais
STF	Supremo Tribunal Federal
STJ	Superior Tribunal de Justiça
T.	Turma
TJ	Tribunal de Justiça
TRF	Tribunal Regional Federal
v.g.	*Verbi gratia* (por exemplo)
ZPO	*Zivilprozessordnung* (Código de Processo Civil alemão)

Sumário

Apresentação......13

Capítulo 1......15
1.1. A valorização dos ideais de efetividade e segurança......15
1.2. A atuação das partes e dos terceiros no processo......18
1.3. Razão de ser da intervenção de terceiros......22
1.4. A multifuncionalidade das intervenções de terceiros......24
1.5. Tendência ao reconhecimento da fungibilidade entre as modalidades de intervenção em favor do acesso à justiça......25

Capítulo 2 – Da assistência......28
2.1. Da assistência......28
2.2. Aferição do "interesse jurídico"......30
2.3. Espécies de assistência......31
    2.3.1. Assistência simples......32
    2.3.2. Assistência litisconsorcial......34
2.4. Tempo e procedimento padrão da assistência......37
2.5. Extensão dos poderes dos assistentes......39
2.6. Assistência da União Federal......41
2.7. O efeito da intervenção e a coisa julgada na assistência......44

Capítulo 3 – Da denunciação da lide......46
3.1. Funções da denunciação da lide......46
3.2. A facultatividade da denunciação no CPC/2015......48
3.3. Análise das hipóteses legais de denunciação da lide......50
3.4. Da denunciação da lide pelo Estado do funcionário causador do dano......54
3.5. Análise do procedimento da denunciação da lide......56
3.6. Da formação do litisconsórcio passivo e a admissibilidade da condenação direta do litisdenunciado......58
3.7. Da sentença na denunciação da lide......63
3.8. Tema delicado: a sucumbência, em especial os honorários advocatícios......64
3.9. A admissibilidade da denunciação sucessiva......66

Capítulo 4 – Do chamamento ao processo......67
4.1. Conceito e função do chamamento......67

4.2. Hipóteses de cabimento do chamamento ao processo..............................70
4.3. A crise das obrigações solidárias...73
4.4. Peculiaridades do procedimento..75
4.5. O chamamento ao processo no Código de Defesa do Consumidor.............77
4.6. O chamamento atípico dos codevedores de alimentos (interpretação do art. 1.698, CC)...80

Capítulo 5 – Do incidente de desconsideração da personalidade jurídica..............87

5.1. Breve histórico do instituto..87
5.2. A desconsideração da personalidade jurídica no Código Civil..................88
5.3. A desconsideração da personalidade jurídica no Código de Defesa do Consumidor..92
5.4. O mérito do "incidente de desconsideração da personalidade jurídica"......96
5.5. Análise do procedimento previsto no NCPC..98

Capítulo 6. *Amicus curiae* 104

6.1. A recepção do *amicus curiae* no direito processual brasileiro...................104
6.2. O amadurecimento do *amicus curiae* no sistema de controle de constitucionalidade..108
6.3. Requisitos necessários para a admissão do *amicus curiae* perante o Supremo Tribunal Federal..110
    6.3.1. Representatividade do postulante...110
    6.3.2. Relevância da fundamentação (intensificação do contraditório).......111
6.4. A recepção do *amicus curiae* pelo CPC/2015..112

Referências bibliográficas..115

Anexo – Artigos relativos à intervenção de terceiros no CPC/2015..................123

Apresentação

A primeira edição da obra foi publicada em 2004. Era fruto de dissertação de mestrado defendida na UFRGS, sob a orientação do saudoso professor Carlos Alberto Alvaro de Oliveira.

Naquele momento, o livro foi editado com o objetivo precípuo de reler cada modalidade de intervenção de terceiros, a partir da perspectiva de facilitar o acesso à justiça e a aplicação do direito. Idealizaram-se algumas interpretações e foram apresentadas críticas ao texto do CPC/73, como o regramento insuficiente da nomeação à autoria, a conveniência da condenação direta do litisdenunciado e a da limitação das sucessivas denunciações da lide.

Ao longo dos mais de quarenta anos de vigência do CPC/73, poucas modificações legais ocorreram no que toca ao regramento das intervenções. Embora uma parcela de artigos do CPC/73 tenha sido transcrita no "Novo CPC", houve alterações importantes, que estão sendo neste momento discutidas pela doutrina e pela jurisprudência.

Por reconhecer o decisivo papel da jurisprudência no direito brasileiro, a obra selecionou julgados importantes, para apresentação e crítica. O objetivo dessa pesquisa, realizada preferencialmente no Superior Tribunal de Justiça, foi o de apontar aquilo que há de atual na jurisprudência brasileira e linhas de provável evolução.

A obra permanece dedicada ao agora saudoso Carlos Alberto Alvaro de Oliveira, exemplo de professor, pela forma responsável como tratava os seus discentes. Facultava que estes, através de esforço próprio, descortinassem por si os enigmas apresentados pela ciência jurídica e no dia a dia do foro. Utilizava-se da sala de aula não para forjar seguidores, mas para amadurecer um debate que iniciava tempos antes, quando da tranquilidade da biblioteca ou do valioso exercício profissional. Enfim, um pensamento voltado ao diálogo e à cooperação, que faz jus à poesia de Danilo Dolci na epígrafe da obra.

Porto Alegre, outono de 2018.

Daniel Ustárroz
ustarroz@terra.com.br

Capítulo 1

1.1. A valorização dos ideais de efetividade e segurança

É histórica a valorização dos ideais de segurança e efetividade, através do direito processual. Essas ideias complementares (para alguns autores, "antagônicas") espelham duas aspirações da maioria dos jurisdicionados: a pronta efetivação de seus alegados direitos com o respeito às garantias inerentes a um processo justo.[1]

Nos últimos anos, a sociedade parece revalorizar antiga frase atribuída a Ruy Barbosa: "Justiça tardia nada mais é do que injustiça manifesta". Enquanto fenômeno cultural, o direito vai sendo moldado pelos anseios sociais. E, dentro de uma sociedade que, supostamente, valoriza o tempo" e não suporta aguardar, é frequente o discurso favorável à celeridade.

O termo *efetividade*, nesse contexto, passou a ser amplamente valorizado, pelos importantes doutrinadores da virada do século e, ainda mais, pela dita nova geração de processualistas. Efetividade seria, na visão do clássico José Carlos Barbosa Moreira, a luta por outorgar à parte merecedora de tutela "o gozo pleno da específica utilidade a que faz jus segundo o ordenamento".[2] Agregava o saudoso professor Teori Zavascki que o jurista deveria se preocupar em não apenas proclamar formalmente direitos, mas, em especial, efetivá-los em concreto.[3]

---

[1] Sobre o direito ao "giusto processo", o tema é historicamente bem abordado pela doutrina italiana. Dentre farta bibliografia, destacam-se: FAZZALARI, Elio. Valori permanenti del processo. In: *Diritto Naturale verso nuove prospettive*. Milano: Giuffrè, 1977; Após, TROCKER, Nicolò. Il nuovo articolo 111 della costituzione e il "giusto processo" in materia civile: profili generale. In: *Riv. Trim. Dir. Proc. Civ.*, giugno, 2001, anno LV, n. 2.

[2] Notas sobre o problema da "efetividade" do processo, p. 40. In: *Temas de processo civil*. 3ª série. São Paulo: Saraiva, 1984.

[3] Conforme o Ministro Teori Zavascki expunha em obra ímpar sobre a antecipação de tutela: "a segunda onda de reformas é a que se desencadeou a partir de 1994, e que, diferentemente

Entretanto, se, por um lado, a sociedade (cansada) reclama efetividade do direito (e do processo judicial), não se pode conceber o enfraquecimento da proteção das partes (na realidade, pessoas), seja autor ou réu. E muito menos se deve olvidar dos efeitos nocivos que, episodicamente, em nome de sua pretensa realização, foram produzidos. Os exemplos são incontáveis. O direito processual, na ânsia de ser socialmente efetivo, não deveria se transformar em fonte de insegurança.[4]

Para que o debate em torno da questão "efetividade" seja útil e democrático, deve ele ser permeado pelo reconhecimento do valor "segurança". O dilema é bem descrito por Carlos Alberto Alvaro de Oliveira: "pode-se concluir que garantismo e eficiência devem ser postos em relação de adequada proporcionalidade, por meio de uma delicada escolha dos fins a atingir e uma atenta valoração dos interesses a tutelar. E o que interessa realmente é que, nessa difícil obra de ponderação, sejam os problemas da justiça solucionados num plano diverso e mais alto do que o puramente formal dos procedimentos e transferidos ao plano concernente ao interesse humano objeto dos procedimentos: um processo assim na medida do homem, posto realmente a serviço daqueles que pedem justiça. Em suma, com a ponderação desses dois valores fundamentais – efetividade e segurança jurídica – visa-se idealmente a alcançar um processo tendencialmente justo".[5]

Com efeito, nenhum processo é justo, sem segurança ou efetividade.[6] Como bem alertara José Carlos Barbosa Moreira, há que se ter cuidado com os dois mitos da justiça: "quanto mais depressa, melhor" e "a rapidez acima de tudo".[7]

---

da primeira, teve por objetivo, não o de introduzir mecanismos novos, mas o de aperfeiçoar os já existentes. Em nome da efetividade do processo, reclamo mais urgente de uma sociedade com pressa, foram produzidas modificações expressivas no Código de Processo Civil, destacando-se, por sua importância, entre outras, a que ampliou o elenco dos títulos executivos extrajudiciais (Lei n. 8.953, de 13-12-1994), a que reformulou o recurso de agravo (Lei n. 9.139, de 30/11/1995) e a que universalizou o instituto da antecipação da tutela (Lei n. 8.952, de 13/12/1994)". *Antecipação de Tutela*, 2.ed. Rio de Janeiro: Saraiva, 1999. p. 2.

[4] E o texto que serve de epígrafe ao ensaio "Por um processo socialmente efetivo", do professor BARBOSA MOREIRA bem fixa um pressuposto para se compreender o valor efetividade no processo judicial: "Fique bem claro que não estou atribuindo a processo algum, por mais efetivo que seja, a virtude de tornar por si só menos iníquas as estruturas sociais, de corrigir-lhes as tristes deformidades que as marcam em países como o nosso." In: *Revista Síntese de Direito Civil e Processual Civil* nº 11/05, mai-jun/2001.

[5] O Processo civil na perspectiva dos direitos fundamentais, p. 659. In: *Revista Gênesis de Direito Processual Civil*, 26/653.

[6] Interessantes precedentes de Cortes Europeias que explicitamente apreciaram o valor tempo no processo são oferecidos por CRUZ E TUCCI, *Tempo e Processo*. São Paulo: RT, 1997.

[7] Com o talento que lhe é peculiar, BARBOSA MOREIRA aponta quatro mitos que devem ser urgentemente desfeitos do imaginário dos operadores. Dentre esses, consta logo em primeiro

A efetividade, nesse contexto, não é fonte de arbítrio, mas sim sinônimo de preocupação com a melhor distribuição de Justiça, que permite idealizar novos mecanismos de realização dos direitos e ajustar a interpretação dos institutos para a sua otimização. No ponto, as históricas lições de Carlos Alberto Alvaro de Oliveira, ministradas na Universidade Federal do Rio Grande do Sul, conservam ampla atualidade: "A nosso entender a efetividade só se revela virtuosa se não colocar no limbo outros valores importantes do processo, a começar pelo da justiça, mas não só por este. Justiça no processo significa exercício da função jurisdicional de conformidade com os valores e princípios normativos conformadores do processo justo em determinada sociedade (imparcialidade e independência do órgão judicial, contraditório, ampla defesa, igualdade formal e material das partes, juiz natural, motivação, publicidade das audiências, término do processo em prazo razoável, direito à prova). Por isso, a racionalidade do direito processual não há de ser a racionalidade tecnológica-estratégica, mas a orientada por uma validade normativa que a fundamente e ao mesmo tempo fundamentada pelo discurso racional do juízo, de modo a que a sociedade possa controlar tanto a correção material quanto a concordância dogmática da decisão. Não desconheço, é claro, que o próprio valor justiça, espelhando a finalidade jurídica do processo, encontra-se intimamente relacionado com a atuação concreta e eficiente do direito material, entendido em sentido amplo como todas as situações subjetivas de vantagem conferidas pela ordem jurídica aos sujeitos de direito. Por isso mesmo, o acesso à justiça, elevado ao patamar de garantia constitucional na tradição jurídica brasileira, deve certamente compreender uma proteção juridicamente eficaz e temporalmente adequada. O que ponho em questão é a eficiência como fim, sem temperamentos, como meta absoluta, desatenta a outros valores e princípios normativos. O ponto é importante porque esses ditames axiológicos, além de se afinarem mais com a visão de um Estado democrático e participativo, poderão não só contribuir para a justiça da decisão como até para a própria efetividade".[8]

Para que esse ideal seja alcançado e permanentemente fiscalizado, ocorre o trabalho conjunto dos sujeitos do processo, em especial das partes (que estão diretamente interessadas no resultado do

---

plano: "a rapidez acima de tudo" ou "quanto mais depressa melhor". O Futuro da Justiça: alguns mitos. In: *Revista Síntese de Direito Civil e Processual Civil*, 06/37, jul-ago/2000.

[8] Nesse sentido, feliz a expressão cunhada por ALVARO DE OLIVEIRA, ao tratar da efetividade a ser buscada por todo operador: "efetividade virtuosa", e não "perniciosa". Efetividade e processo de conhecimento. In: *Revista da Faculdade de Direito da UFRGS*, 16/07, 1999.

litígio) e, eventualmente, dos terceiros. O processo não será justo, nem efetivo, se, em seu procedimento, os interessados não puderem participar, nem se a decisão final não puder ser executada perante aqueles que se encontram em posição de direito material merecedora de alcance pela decisão. Por isso, o tópico da intervenção de terceiros dialoga intensamente com os ideiais de efetividade e de segurança, viabilizando que terceiros sejam convocados pelas partes no curso do processo ou que postulem voluntariamente o seu ingresso no processo alheio, com o objetivo de obter proteção jurídica.

1.2. A atuação das partes e dos terceiros no processo

Na história do direito processual, o conceito de parte experimentou interessantes mutações. Inicialmente, por força da relativa submissão do direito processual ao substancial, o jurista buscava referências sempre no plano concreto. Parte, então, era o sujeito da lide, ou seja, aquele que, no mundo dos fatos, participara do evento discutido.

Com a paulatina autonomia alcançada pela ciência processual, tal definição foi rejeitada, afinal muitas vezes um sujeito participa de um processo, sem que sua presença fosse justificada à luz da realidade substantiva. Por ilustração, o julgamento de improcedência de uma ação de reconhecimento de união estável afirma que entre as partes não houve esse vínculo familiar, logo – se adotado o conceito antigo – o(a) ré(u) não teria sido parte na causa. Nesse contexto, descabe haurir do direito material o critério para a qualificação jurídica do conceito de parte.

Enrico Tullio Liebman bem descreveu a situação: "*La nozione della parte in senso sostanziale che sarebbe il soggetto della 'lite' o del rapporto controverso (che una parte della dottrina contrappone alla parte in senso processuale) è estranea alla legge e al sistema del diritto processuale. La cosidetta parte in senso sostanziale, quando non coincide con la parte in senso processuale, è soltanto un terzo*".[9]

O mestre italiano valorizou a doutrina alemã, que já havia firmado posicionamento no sentido de que parte é um conceito de natureza eminentemente processual. Leo Rosemberg, por exemplo, explicava: "*Partes en el proceso civil son aquellas personas que solicitan y*

---

[9] *Manuale di diritto processuale civile*, 6. ed. Milano: Giuffrè, 2002. p. 86.

contra las que se solicita, em nombre proprio, la tutela jurídica estatal, en particular la sentencia y la ejecución forzosa. Este concepto del derecho procesal alemán (único decisivo) es independiente de la estructura del derecho material y de la posición jurídica extraprocesal de los interesados. Porque no es parte en el proceso civil como titular de la relación jurídica controvertida, sino actor es quien afirma el derecho (material); y demandado, aquel contra quien se lo hace valer. Para la posición de parte procesal no tiene importancia si el actor es el poseedor del derecho y si el demandado es el verdadero obligado o afectado".[10]

Esse pensamento se consolidou ao longo do século XX. Othmar Jauernig, seguidor de Friedrich Lent, é objetivo: partes são aquelas em cujo nome e contra quem a proteção jurídica é requerida (*partei ist, wer für sich Rechtsschutz vom Gericht begehrt und gegen wen Rechtsschutz begehrt wird*). Mais explicitamente, assevera o professor alemão que o conceito de parte é puramente formal (ou processual) e independente do direito material (*der Parteibegriff ist rein formal oder prozessual, vom materiellen Recht völlig gelöst*).[11]

Essas ideias foram recepcionadas no Brasil, como se vê da lição de Ovídio Baptista: "O que, todavia, deve ser logo estabelecido, quando se busca determinar o conceito de parte é que se está a tratar de um conceito eminentemente processual. É um conceito técnico empregado pela ciência do processo para definir um fenômeno processual. Disso resulta ser impróprio tratar questões de direito material empregando-se, inadequadamente, o conceito de parte".[12]

As fontes usuais da qualidade de parte são o exercício da demanda e a citação. Esses sujeitos que participam do contraditório formado, enquanto destinatários usuais do provimento, não precisam ser necessariamente partícipes de uma relação de direito material comum. Praticam ampla sorte de atos, dentro do processo,

---

[10] *Tratado de Derecho Procesal Civil*, t. 1, Trad. Angela Romera Vera. Buenos Aires: EJEA, 1955. p. 211.

[11] *Zivilprozessrecht*, 26.ed. München: Beck, 2000. p. 53-54.

[12] *Curso de Direito Processual Civil*, p. 234. THEODORO JUNIOR, por outro lado, afirma que: "pode-se, portanto, distinguir dois conceitos de parte: como sujeito da lide, tem-se a parte em sentido material, e como sujeito do processo, a parte em sentido processual. Como nem sempre o sujeito da lide se identifica com o que promove o processo, como se dá, por exemplo, nos casos de substituição processual, pode-se definir a parte para o direito processual como a pessoa que pede ou perante a qual se pede, em nome próprio, a tutela jurisdicional. A que invoca a tutela jurídica do Estado e toma a posição ativa de instaurar a relação processual recebe a denominação de autor. A que fica na posição passiva e se sujeita à relação processual instaurada pelo autor, chama-se réu ou demandado. Mas, para que o processo se desenvolva até a efetiva solução da lide não basta a presença das duas partes interessadas, é necessário que os sujeitos processuais sejam partes legítimas". (*Processo Civil*, p. 67-68). Talvez, no fundo, ambos tenham tentado retratar a mesma realidade, utilizando-se de palavras distintas.

influenciando a convicção do juiz e, de regra, sujeitam-se à sentença proferida.[13]

Giuseppe Chiovenda, por isso, assinalava que "o conceito de parte entronca-se no conceito do processo e da relação processual: a parte é aquele que demanda em seu próprio nome (ou em cujo nome é demandada) a atuação de uma vontade da lei, e aquele em face de quem essa situação é demandada".[14] Mais recentemente, Comoglio, Ferri e Taruffo afirmam que o conceito seria insuficiente, na medida em que não compreenderia todos os sujeitos que são diversos do juiz e que participam do desenvolvimento do procedimento jurisdicional.[15] Efetivamente, não se pode negar que limitar o conceito de parte para as pessoas que pedem ou contra as quais se requer a tutela jurisdicional é satisfatória quando estamos diante de uma demanda tradicional, isto é, cuja eficácia da sentença não ultrapassam os sujeitos que participam do processo.[16] Todavia, a questão apresenta-se espinhosa no momento em que outros sujeitos ("terceiros") podem ingressar no processo e também se sujeitar à eficácia da sentença.

Nesse sentido, há quem pretenda ampliar o conceito de parte, propondo novos critérios definidores. Dentre outros, Fazzalari admite que após o ingresso do "terceiro" no processo, ele assume poderes próprios das partes. Quando tal ocorresse, então, já não haveria lugar para se falar em "terceiro", mas sim em parte. O critério

---

[13] Novamente LIEBMAN irá afirmar que *"la domanda giudiziale, come atto costitutivo del processo, determina anche le parti: quella che chiede al giudice di provvedere su un determinato oggetto e quella nei cui confronti il provvedimento è chiesto. Sono queste le persone che da un lato sono i soggetti degli atti di parte e dall'altro sono i destinatari degli effetti dei provvedimenti del giudice (e abbiamo visto che parti e giudice sono i soggetti del rapporto processuale, sopra,* n. 20). *Le parti sono i soggetti contrapposti nella dialettica del processo di fronte al giudice che, per definizione, è titolare di un potere imparziale"*. Op. cit., p. 83.

[14] No Brasil, ARRUDA ALVIM partilha da conceituação: "parte é aquele que pede tutela jurídica no processo, bem como aquele contra quem essa tutela é pedida, e que esteja no processo". In: *Manual de Direito Processual Civil*, v. 2. São Paulo: RT, 1997. p. 23.

[15] Asseveram que: *"Muovendosi in una prospettiva, forse meno ampia, ma generica, si possono definire le "parti" i soggetti che nel processo hanno proposto una domanda al giudice chiedendogli di emanare un provvedimento a loro favore, e, per altro verso, i soggetti che sono destinatari degli effetti del provvedimento. Anche questa definizione risulta tuttavia insoddisfacente non solo perché, come vedremo meglio, non compreende tutti i soggetti, diversi dai giudici, che pure partecipano allo svolgersi dei diversi procedimenti giurisdizionali previsti nel nostro ordinamento, ma anche perché non indica i requisiti indispensabili per acquistare in questi stessi procedimento la qualità di parte"*. *Lezioni sul Processo Civile*, p. 287.

[16] José Tesheiner pondera a este respeito que "o conceito clássico de partes, sem levar em conta a extensão subjetiva da sentença e da coisa julgada, é preciso e exato, mas de pouca utilidade, porque outros sujeitos podem ter iguais poderes e sofrer iguais efeitos. Em outras palavras, afirmar que alguém é ou não é parte pouco significa, para determinar seus poderes no processo e os efeitos que possa sofrer". Partes: Conceito e Preconceito. Disponível em <www.tex.pro.br>. Acesso em 30.12.2003.

norteador parece ser a participação em contraditório e a sujeição à sentença. Assinala o professor peninsular que "*dopo la chiamata, il terzo cessa di essere tale, diventa parte: egli è investito di tutte le facoltà, i poteri, i doveri della parte, cioè un'azione*".[17] Em outro estudo, discorrendo sobre o litisconsórcio facultativo sucessivo, assinala que, além das partes originárias, podem participar do processo outros sujeitos, ingressando *in itinere*. São os "intervenienti" ou "interventori" que, enquanto tais, são partes, possuem uma série de faculdades, poderes, deveres, como as partes originárias.[18] O conceito de parte aqui, portanto, relacionar-se-ia com a atividade desempenhada no processo.

Comoglio, Ferri e Taruffo elencam uma série de critérios que podem auxiliar o intérprete a definir quem, perante um sistema processual, pode ser tido como parte. Partem, inicialmente, da noção de parte enquanto sujeito de atos processuais. Nesta acepção, "*parte vuol dire soggetto di atti processuali, independenti dalla circostanza che si agisca in nome proprio o altrui o dal fatto di essere effettivo titolare della situazione sostanziale oggetto del processo. È parte chi, ad esempio, propone istanze, compare all'audienza, solleva eccezioni e deduzioni instruttorie e compie quindi atti nel processo*".[19] Observam, ainda, que outras normas consideram como partes os destinatários dos efeitos dos atos processuais: "*si tratta di soggetti che possono anche non coincidere e non identificarsi con quelli degli atti del processo*".[20] É o caso dos representados. Por fim, ainda poderia ser identificado um terceiro conceito de parte, a partir dos efeitos da sentença do processo: "*non si designano né i soggetti del processo ne quelli degli effetti dello stesso, ma i soggetti che sono titolare della situazione sostanziale oggetto del processo e della decisione di merito*".[21]

Em vista dessa "complessa realtà", Ferri, Taruffo e Carpi afirmam que somente com referência a determinadas normas ou a específicos atos pode ser considerada a noção de parte, "*ma senza trarne una unitaria*". Nesse sentido, será possível afirmar que "*così è parte l'interveniente, che spontaneamente o per chiamata di una delle parti originarie o per ordine del giudice si introduce in un processo di cognizione già pendente*".[22]

Com razão, se a noção de parte pertence ao mundo do processo, os critérios para sua definição devem passar pela atividade de-

---

[17] *Lezioni di diritto processuale civile*, Padova, CEDAM, 1995. p. 57.

[18] *Istituzione di Diritto Processuale*, p. 305.

[19] *Lezioni sul Processo Civile*, p. 288.

[20] Op. cit., p. 288.

[21] Idem, Ibidem.

[22] Idem, p. 289.

senvolvida no procedimento, principalmente com a valorização dos princípios constitucionais do processo (especialmente o contraditório). Partes, portanto, não são apenas as pessoas que, originariamente, figuram como autor e demandado, mas também aquelas que são chamadas a ingressar no feito, e participam do contraditório, com interesse na prolação de uma determinada sentença e que, ao fim, a ela estarão vinculados (quer direta ou reflexamente).[23]

Por conseguinte, na visão deste estudo, pode-se adquirir a condição de parte através de variadas formas de reclamar proteção jurídica, participando dos atos processuais, com as suas faculdades, os seus ônus, as suas responsabilidades, etc. Em geral, isso se dá pelo exercício da demanda, pela citação, pela sucessão processual, pela intervenção de terceiros, etc.

1.3. Razão de ser da intervenção de terceiros

A participação das pessoas interessadas no provimento judicial legitima o processo. Realiza o ideal democrático. O "diálogo judicial", entre sujeitos com visão de mundo distintas, aprimora a aplicação do direito.

A lição de Carlos Alberto Alvaro de Oliveira é atual: "o diálogo judicial torna-se, no fundo, dentro dessa perspectiva, autêntica garantia de democratização do processo, a impedir que o órgão judicial e a aplicação da regra *iura novit curia* redundem em instrumento de opressão e autoritarismo, servindo às vezes a um mal explicado tecnicismo, com obstrução à efetiva e correta aplicação do direito e à justiça do caso. Ora, o concurso das atividades dos sujeitos processuais, com ampla colaboração tanto na pesquisa dos fatos quanto na valorização jurídica da causa, constitui dado que influi de maneira decisiva na própria extensão do princípio do contraditório. Basta pensar que essa colaboração só pode ser realmente eficaz se vivificada por permanente diálogo, com a comunicação das ideias

---

[23] Nessa linha, o Código Procesual Civil de España dispõe, no art. 90, que "podrá intervenir en un juicio pendiente en calidad de parte, cualquiera fuere la etapa o la instancia en que éste se encontrare, quien: 1) Acredite sumariamente que la sentencia pudiere afectar su interés propio. 2) Según las normas del derecho sustancial, hubiese estado legitimado para demandar o ser demandado en el juicio". O procedimento vem regulado no artigo seguinte: "En el caso del inciso 1. del artículo anterior, la actuación del interviniente será accesoria y subordinada a la de la parte a quien apoyare, no pudiendo alegar ni probar lo que estuviese prohibido a ésta. En el caso del inciso 2. del mismo artículo, el interviniente actuará como litisconsorte de la parte principal y tendrá sus mismas facultades procesales.".

subministradas por cada um deles: juízos históricos e valorizações jurídicas capazes de ser empregados convenientemente na decisão".[24]

É com esse espírito que a combinação das atividades das partes, do juiz e dos demais sujeitos, poderá ajudar na formação de uma sentença de melhor qualidade, após a iluminação do *thema decidendum*. Em texto clássico (1966), Edoardo Grasso destacava que, sob essa perspectiva (a do sistema, a do Judiciário), as partes poderiam ser tidas como colaboradoras: *"si può, del resto, invertire la prospettiva: se l'intera materia del contendere prima della decisione subisce gli effetti delle forze esercitate da tutti i soggetti in concorso, nei limiti delle rispettive attribuzioni, il risultato sarà il prodotto di una collaborazione processuale totale"*.[25] Como salientava Carlos Alberto Alvaro de Oliveira, a investigação solitária do órgão judicial, nos dias atuais, mostra-se inadequada, pois o diálogo instado entre as partes e o próprio condutor do processo "recomendado pelo método dialético, amplia o quadro de análise, constrange à comparação, atenua o perigo de opiniões pré-concebidas e favorece a formação de um juízo mais aberto e ponderado".[26]

A clássica lição de teoria geral do processo de Ada Grinover, Antonio Cintra e Cândido Dinamarco ainda ecoa: "somente pela soma da parcialidade das partes (uma representando a tese e a outra, a antítese) o juiz pode corporificar a síntese, em um processo dialético. É por isso que foi dito que as partes, em relação ao juiz, não têm papel de antagonistas, mas sim de 'colaboradores necessários': cada um dos contendores age no processo tendo em vista o próprio interesse, mas a ação combinada dos dois serve a justiça na eliminação do conflito ou controvérsia que os envolve".[27]

Essas ideias, nos últimos anos, foram amplamente estudadas e difundidas por Daniel Mitidiero, cuja produção acadêmica, dentre outras virtudes, ressalta a importância do contraditório.[28]

Nesse sentido, consideramos que a razão de ser da intervenção de terceiros reside no postulado democrático. Isso se dá de duas for-

---

[24] A Garantia do Contraditório. In: *Garantias Constitucionais do Processo Civil*. José Rogério Cruz e Tucci (org.). 1. ed. 2ª tir. São Paulo: RT, 1999. p. 143.

[25] La collaborazione nel processo civile. In: *Rivista di diritto processuale*, 1966. p. 587.

[26] Cf. ALVARO DE OLIVEIRA. Poderes do juiz e visão cooperativa do processo, In: *Gênesis*, n. 28. p. 27.

[27] *Teoria Geral do Processo*, p. 55.

[28] Por ilustração: MITIDIERO, Daniel Francisco. *Precedentes*: da persuasão à vinculação. 2. ed. São Paulo: RT, 2017; A tutela dos direitos e a sua unidade: hierarquia, coerência e universabilidade dos precedentes. In: *Revista brasileira da advocacia*, v. 1, n. 3, p. 161-170, out./dez. 2016; A multifuncionalidade do direito fundamental ao contraditório e a improcedência liminar (art. 285, CPC): resposta à crítica de José Tesheiner. In: *Revista de processo*, v. 32, n. 144, p. 105-111, fev. 2007.

mas, basicamente. De um lado, autoriza-se, no curso do processo, a convocação de pessoas que serão atingidas pelo provimento jurisdicional, assumindo a qualidade de parte, fortalecendo o contraditório e, assim, legitimando o provimento estatal. De outro, permite-se que a pessoa, localizando um processo que tenha o condão de atingir a sua esfera jurídica, voluntariamente, dele participe, ampliando a argumentação e as provas disponíveis para a decisão final. Em qualquer dos casos, seja pela via coativa, seja pela via voluntária, o resultado será favorável à democratização do processo.

1.4. A multifuncionalidade das intervenções de terceiros

O Código/2015 define, no capítulo dedicado ao fenômeno, cinco hipóteses de cabimento. Trata-se da assistência, denunciação da lide, do chamamento ao processo, do *amicus curiae* e do incidente de desconsideração da personalidade jurídica. Distintas funções são desempenhadas pelas modalidades de intervenção de terceiros.

Em primeiro lugar, a intervenção de terceiros viabiliza a proteção dos direitos das pessoas. Há autores, como Gustavo Filipe Barbosa Garcia, que corretamente identificam na realização dos direitos humanos, uma das missões desse instituto jurídico.[29]

Igualmente importante é a função de legitimar a decisão judicial, a partir da participação das pessoas que serão, direta ou indiretamente, atingidas pelos efeitos e pela eficácia do provimento jurisdicional. Tanto mais legítima será atuação do Estado (do juiz), quanto maior for a possibilidade das pessoas influenciarem na formação do convencimento judicial.

Isso se dá, em especial, pelo fortalecimento do princípio do contraditório, a partir da ampliação dos dados disponíveis no processo, seja pelas provas produzidas, seja pelas argumentações e pesquisas desenvolvidas e apresentadas pelos sujeitos.

---

[29] Gustavo Filipe Barbosa Garcia: "Caracteriza-se, com isso, o acesso à justiça, no sentido da solução do conflito (no caso, trabalhista), não só por meio da aplicação do direito material, mas com justiça e eficiência. Sem a possibilidade de integração à lide, não sendo o réu o devedor efetivo, impor-se-ia ao autor a necessidade de ajuizamento de nova ação, desta vez em face da parte passiva legitimada, inutilizando todo o trabalho e tempo gastos no processo anterior. A importância do tema, portanto, está diretamente relacionada com a própria concretização da garantia fundamental de efetivo acesso à jurisdição, o que, por si, é forma de dar efetividade aos direitos humanos". *Intervenção de terceiros, litisconsórcio e integração á lide no processo do trabalho*, São Paulo: Método, 2008. p. 17.

Ademais, a participação dos terceiros permite a fiscalização do exercício da atividade jurisdicional. Ocorre a aproximação da sociedade civil do Poder Judiciário, o que é salutar, afinal, se todo o poder emana do povo e em seu nome ele deve ser exercido, conforme um dos postulados democráticos, as pessoas conseguem, através da participação no processo judicial, controlar a aplicação do direito pelos juízes.

A intervenção dos terceiros também se apresenta útil para aferir o cumprimento das decisões. É o caso da atuação das Organizações Não Governamentais (e também de órgãos públicos) que municiam os processos com informações relevantes acerca do efetivo adimplemento das determinações judiciais.

Em face das peculiaridades de cada espécie de participação e de suas consequências possíveis, a seguir serão analisadas sucessivamente, na ordem do Código.

1.5. Tendência ao reconhecimento da fungibilidade entre as modalidades de intervenção em favor do acesso à justiça

Diante da complexidade do regramento da intervenção de terceiros, quer no CPC/1973, quer no CPC/2015, é frequente, no cotidiano forense, surgirem debates quanto ao acerto ou equívoco no manejo dessas iniciativas.

Uma dúvida que amiúde toma conta do operador diz respeito à opção entre a assistência e atuação do *amicus curiae*. Suponha-se uma situação corriqueira, como, por exemplo, a intervenção de um Sindicato para respaldar a defesa de um seu sindicalizado. Muitos advogados optam pela assistência, visualizando interesse jurídico do Grêmio na proteção de seus associados (*in casu*, o interesse subjetivo do assistido). Outros causídicos preferirão a via do *amicus curiae*, sob o fundamento de que a Agremiação poderá iluminar o debate com a introdução de novos argumentos para amparar uma solução que transcenda a esfera jurídica daquela parte específica e auxilie na resolução de problemas de outros associados (*in casu*, o interesse de sua classe). Sob esses ângulos, qualquer das medidas soaria autorizada.

Outra situação frequente ocorre com a denunciação da lide e o chamamento ao processo. Tradicionalmente, afirmava-se que o litisdenunciado responderia regressivamente, ao passo que o chamado teria uma colegitimação passiva. À luz dos princípios da função social dos contratos e da boa-fé, princípios positivados expressamente no Código Civil de 2002, dita lição foi revista, ao menos em parcelas de casos. Por ilustração, até a década de 1990, a jurisprudência majoritária não admitia a participação da seguradora como corre nas ações de indenização promovidas pelas vítimas. O panorama, como será visto de forma mais aprofundada no capítulo da denunciação da lide, mudou nos últimos 20 anos, quando os Tribunais passaram a admitir o litisconsórcio entre o "causador do dano" e a sua seguradora.[30] Ainda não alcançamos o estágio de desenvolvimento social e jurídico que permita o acionamento direto e exclusivo da seguradora.[31] Logo, haveria erro em se optar pela denunciação ou pelo chamamento da seguradora?

Sobre o tema, a ponderação de Juliana Cordeiro de Faria, sob a égide do CPC/73, é muito pertinente: "sem dúvida que no direito atual, considerando-se o novo paradigma contratual do CC/2002, o chamamento ao processo é a via adequada para que o segurado dê ciência da ação à seguradora e, assim a convoque para participar da relação jurídica processual, aduzindo todas as defesas, inclusive exceção de contrato não cumprido anterior ao sinistro. Não se pode mais insistir na adequação da denunciação da lide, sob pena de se perder uma das grandes conquistas trazidas pelo CC/2002 no campo da solidariedade social. Continuar defendendo a denunciação da lide é permanecer preso a um modelo retrógrado e ultrapassado de seguro de responsabilidade civil, que em nada se assemelha àquele moderno introduzido pelo diploma civil. Seria conveniente, na fase da adaptação da jurisprudência à nova ordem jurídica material, aplicar-se o princípio da fungibilidade: proposta a denunciação da

---

[30] Julgamento importante: "PROCESSUAL CIVIL. RECURSO ESPECIAL REPRESENTATIVO DE CONTROVÉRSIA. ART. 543-C DO CPC. SEGURADORA LITISDENUNCIADA EM AÇÃO DE REPARAÇÃO DE DANOS MOVIDA EM FACE DO SEGURADO. CONDENAÇÃO DIRETA E SOLIDÁRIA. POSSIBILIDADE. 1. Para fins do art. 543-C do CPC: Em ação de reparação de danos movida em face do segurado, a Seguradora denunciada pode ser condenada direta e solidariamente junto com este a pagar a indenização devida à vítima, nos limites contratados na apólice. 2. Recurso especial não provido". REsp 925.130/SP, 2. S., Rel. Min. Luis Felipe Salomão, j. 08.02.2012. DJe 20.04.2012.

[31] Pela proibição: "PROCESSUAL CIVIL. RECURSO ESPECIAL REPRESENTATIVO DE CONTROVÉRSIA. ART. 543-C DO CPC. AÇÃO DE REPARAÇÃO DE DANOS AJUIZADA DIRETA E EXCLUSIVAMENTE EM FACE DA SEGURADORA DO SUPOSTO CAUSADOR. DESCABIMENTO COMO REGRA. 1. Para fins do art. 543-C do CPC: 1.1. Descabe ação do terceiro prejudicado ajuizada direta e exclusivamente em face da Seguradora do apontado causador do dano. 1.2. No seguro de responsabilidade civil facultativo a obrigação da Seguradora de ressarcir danos sofridos por terceiros pressupõe a responsabilidade civil do segurado, a qual, de regra, não poderá ser reconhecida em demanda na qual este não interveio, sob pena de vulneração do devido processo legal e da ampla defesa. 2. Recurso especial não provido". (REsp 962.230/RS, 2. S., Rel. Min. Luis Felipe Salomão, j. 08.02.2012. DJe 20.04.2012)

lide, ela seria acolhida com os efeitos do chamamento ao processo, procedendo-se a uma adaptação da forma ao direito subjetivo material da parte".[32]

À luz dos princípios recepcionados pelo atual Código de Processo Civil e, especialmente, pela visão contemporânea da doutrina, é importante valorizar o princípio da fungibilidade também no âmbito da intervenção de terceiros. Evita-se, assim, que nulidades que não geram prejuízos sejam proclamadas, facilitando-se o acesso à justiça das pessoas.

Nessa primeira década de vigência do CPC/2015, deve ser recordada uma advertência de Galeno Lacerda, lançada 10 anos após o início da vigência do CPC/1973: "Percebe-se, então, que os obstáculos e protelações resultam muito menos de defeitos do texto do que da falta de percepção, por quem o aplica ou interpreta, da esplêndida abrangência de princípios basilares, consagrados em preceitos norteadores. A presença destes marcos no Código vigente, balizas de orientação aos que o empregam, prejudica e desmerece a maior parte das críticas contra ele voltadas".[33] Como bem colocado pelo saudoso professor gaúcho, compete ao intérprete realizar o direito, em especial o CPC/2015, inclusive com a admissão da fungibilidade entre as formas de intervenção de terceiro, pois absolutamente coerente com o ideal de acesso à justiça adotado pelo "Novo CPC".

---

[32] O chamamento ao processo como técnica de efetividade do seguro de responsabilidade civil. Org. Fernando Gonzaga Jayme et alli. In Processo Civil Novas Tendências, p. 470 e 471. Belo Horizonte: Del Rey, 2008.

[33] O Código e o Formalismo Processual. Disponível em <http://revistas.ufpr.br/direito/article/view/8874/6183>. Acesso em 31.03.2018.

Capítulo 2 - Da assistência

2.1. Da assistência

Inaugurando o "Título III" ("Da Intervenção de Terceiros"), do Novo Código de Processo Civil (NCPC), em seu primeiro capítulo, surge a assistência. Corrige-se, assim, em deslize técnico do Código anterior, no qual a assistência vinha regulada ao lado do litisconsórcio, porém antes do capítulo dedicado à intervenção.[34]

De acordo com o art. 119, NCPC, "pendendo causa entre 2 (duas) ou mais pessoas, o terceiro juridicamente interessado em que a sentença seja favorável a uma delas poderá intervir no processo para assisti-la". Agrega o parágrafo único que "a assistência será admitida em qualquer procedimento e em todos os graus de jurisdição, recebendo o assistente o processo no estado em que se encontre".

Na assistência, permite-se ao terceiro postular o ingresso no processo até então alheio para auxiliar a defesa de uma das partes, com o objetivo de proteger a sua própria esfera jurídica. Por ilustração, figura-se uma demanda ressarcitória formulada por uma criança vítima de *bullying* em desfavor do Estado, por supostos atos ocorridos em Escola Pública. A eventual procedência da ação pode gerar ao Estado direito de regresso em relação aos terceiros (pais do "bully" – agressor, professores e servidores omissos, etc.). Estes terceiros estarão autorizados a ingressar na qualidade de assistente para, no caso concreto, auxiliar a defesa do Estado.

Ao contrário de outras formas de intervenção de terceiros, nas quais o ingresso depende de provocação, na assistência a participação do terceiro se dá de forma voluntária, mediante requerimento

---

[34] No Código de 1973, o fenômeno era previsto no art. 50, cujo *caput*, em linguagem de todo semelhante ao atual art. 119, apontava que, pendendo uma causa entre duas ou mais pessoas, o terceiro, que tiver interesse jurídico em que a sentença seja favorável a uma delas, poderá intervir no processo para assisti-la.

de qualquer pessoa juridicamente interessada.[35] Deriva, no direito comparado, da intervenção adesiva, prevista por exemplo, no § 66 do Código de Processo Civil alemão (ZPO), sob a denominação "nebenintervention".[36]

No nosso direito, a assistência tem lugar em qualquer dos tipos de procedimento e em todos os graus da jurisdição. Contudo, o assistente receberá o processo no estado em que se encontra, ou seja, não poderá, em linha de princípio, pretender a repetição de atos praticados ou afastar as preclusões operadas.[37]

No direito brasileiro, costuma-se dividir a assistência sob duas modalidades: simples e litisconsorcial. Distinguem-se essas em razão do interesse a ser protegido pelo assistente. Na primeira, seria apenas mediato, pois a relação de direito material discutida no processo envolveria apenas o assistido e o seu adversário, de sorte que apenas reflexamente o assistente seria atingido. Na segunda espécie, dita litisconsorcial, o liame é mais intenso, tendo em vista que o próprio assistente entretém relação de direito material com o adversário do assistido, sendo em tese legitimado para demandá-lo ou responder demanda desse, portanto assumiria a posição de litisconsorte.

A admissão do assistente, na lei brasileira, depende da comprovação de interesse jurídico, abaixo analisado.

---

[35] Nesse sentido, o saudoso Athos Gusmão Carneiro afirmava que essa intervenção não ocorria por via de "ação", e sim por "inserção". Dessa forma, consoante a lição do professor gaúcho, "o terceiro, ao intervir no processo na qualidade de assistente, não formula pedido algum em prol de direito seu. Torna-se sujeito do processo, mas não se torna parte. O assistente insere-se na relação processual com a finalidade ostensiva de coadjuvar a uma das partes, de ajudar ao assistido, pois o assistente tem interesse em que a sentença venha a ser favorável ao litigante a quem assiste." In: *Intervenção de Terceiros*, 14. ed. Rio de Janeiro: Saraiva, 2003. p. 151.

[36] No original: "§ 66 *Nebenintervention. (1) Wer ein rechtliches Interesse daran hat, dass in einem zwischen anderen Personen anhängigen Rechtsstreit die eine Partei obsiege, kann dieser Partei zum Zwecke ihrer Unterstützung beitreten. (2) Die Nebenintervention kann in jeder Lage des Rechtsstreits bis zur rechtskräftigen Entscheidung, auch in Verbindung mit der Einlegung eines Rechtsmittels, erfolgen*".

[37] "AGRAVO INTERNO. LITISCONSÓRCIO PASSIVO NECESSÁRIO. INEXISTÊNCIA. PRESENÇA DE INTERESSE JURÍDICO A ENSEJAR ASSISTÊNCIA SIMPLES. INTEMPESTIVIDADE DO AGRAVO DE INSTRUMENTO. AGRAVANTE QUE REQUEREU O INGRESSO NO FEITO COMO ASSISTENTE, NA FORMA DO ART. 119 DO CPC/2015. RESTITUIÇÃO DO PRAZO PARA RECORRER DE DECISÕES PRETÉRITAS. DESCABIMENTO. 1. É intempestivo o agravo de instrumento interposto além do prazo de quinze dias, estabelecido no art. 1.003, §5º do CPC/2015. 2. Nos termos do art. 119 do CPC/2015, o assistente recebe o processo no estado em que se encontra, não podendo retroagir para recorrer de decisões pretéritas, sobre as quais já se operou a preclusão temporal. 3. Recurso manifestamente improcedente. Aplicação da multa prevista no art. 1.021, § 4º, do CPC/2015. (TJMG, 5. C.C., Agravo Interno 1.0319.15.002295-6/003, Rel. Desa. Áurea Brasil, j. 16.02.2017)

2.2. Aferição do "interesse jurídico"

Como medida voluntária de intervenção de terceiros, o instituto da assistência é oferecido para as pessoas que desejam ingressar em processo alheio. Exige o Direito apenas a demonstração de um "interesse jurídico" (expressão do art. 119, CPC), para que seja autorizada a sua atuação.[38] A partir dessa fórmula, propositadamente vaga (*rechtliches* Interesse, § 64, ZPO), muito se discute qual a sua melhor significação.

Em linhas gerais, compete ao terceiro indicar uma sua relação jurídica que possa ser afetada pela sentença a ser proferida. Por exemplo: se o Ministério Público inquirar de ilegal uma Resolução Administrativa, por força de pretensa ofensa ao regramento de defesa do consumidor, em tese, as empresas que seguem o padrão administrativo poderão assistir ao poder público, com o fim de eliminar o risco de responderem demandas de seus clientes. Outro exemplo: proposta uma ação de alimentos em face de um genitor, nada impede que outro parente (p. ex. avó) ingresse na demanda para o fim de oferecer uma complementação da pensão.

Em ambos os casos, está identificado um "interesse jurídico", o qual é superior a outros interesses meramente fáticos (os quais, por si só, não recebem atenção do direito, na hipótese da assistência). Uma situação corriqueira reside na mera demonstração de interesse econômico, o qual, por si só, não autoriza o deferimento da assistência.[39]

Da mesma forma, o mero "interesse moral" não se mostra suficiente.[40] É compreensível que um filiado acredite na defesa de seu

---

[38] Refere o STJ que "a intervenção de terceiro, na modalidade de Assistente Simples, exige a demonstração do interesse jurídico, aferível pela potencialidade do provimento jurisdicional causar prejuízo juridicamente relevante ao direito daquele que pretende intervir, não bastando o mero interesse econômico, moral ou corporativo (...)". AgInt no MS 15.828/DF, Rel. Min. Mauro Campbell Marques, j. 14.12.2016. DJe 19.12.2016.

[39] "AGRAVO DE INSTRUMENTO. INTERVENÇÃO DE TERCEIRO. ASSISTÊNCIA. Para o ingresso na demanda na condição de assistente, deve o terceiro demonstrar o interesse jurídico na contenda. Caso concreto em que o interesse da agravante é puramente econômico, não permitindo o seu ingresso na lide. Precedentes do STJ. Agravo de instrumento desprovido. Unânime". TJRS, AI 70075650317, 12. C.C., Rel. Des. Pedro Luiz Pozza, j. 12.12.2017.

[40] "CONSTITUCIONAL E PROCESSUAL CIVIL. AÇÃO CIVIL PÚBLICA. IMPROBIDADE ADMINISTRATIVA. INTERVENÇÃO DE TERCEIROS. ADMISSÃO. AUSÊNCIA DE INTERESSE JURÍDICO. ASSISTÊNCIA. INADMISSIBILIDADE. 1. Poderá atuar como assistente de uma das partes o terceiro que tiver interesse jurídico em que a sentença seja favorável a uma delas (art. 119 CPC). 2. Associação civil que atua na defesa de interesses difusos e coletivos. Interesse que converge com o do titular da ação, que manifestou recusa em relação à assistência. Inexistência de interesse jurídico, senão o interesse moral e corporativo. Pedido indeferido. Decisão mantida. Recurso desprovido". TJSP, 9ª Câmara de Direito Público, AI 2155960-22.2017.8.26.0000, Rel. Des. Décio Notarangeli, j. 29.11.2017.

candidato ou de sua agremiação. É razoável que uma mãe ou um pai tenham convicção no direito invocado pelo filho. Contudo, essas situações corriqueiras, não chegam a receber coloração à luz do direito para autorizar uma assistência. É necessário, pois, que, além desse alegado "interesse moral", alguma relação jurídica do terceiro esteja sob influência da sentença a ser proferida.[41] Tampouco invocados interesses "social", "institucional", "classista", "corporativo" ou "partidário" encontram acolhida.[42]

Nesse cenário, Cândido Rangel Dinamarco irá afirmar que "o interesse que legitima a assistência é sempre representado pelos reflexos jurídicos que os resultados do processo possam projetar sobre a esfera de direitos do terceiro. Esses possíveis reflexos ocorrem quando o terceiro se mostra titular de algum direito ou obrigação cuja existência ou inexistência depende do julgamento da causa pendente, ou vice-versa".[43]

Dentro dessas coordenadas, quando demonstrado o interesse relevante do ponto de vista do direito, merecerá deferimento o pedido de ingresso do assistente.

2.3. Espécies de assistência

A doutrina e a jurisprudência, no Brasil, costumam dividir a assistência em duas modalidades: (a) simples/adesiva e (b) litisconsorcial. Essa classificação, na nossa visão, oferece muitas polêmicas e, do ponto de vista prático, seria melhor restringir o fenômeno da assistência à simples, enfocando a assistência litisconsorcial como um litisconsórcio ulterior.

Comungamos, assim, das críticas de autores, no sentido de "uniformizar" o regramento da assistência. Dentre outras vozes, Eduardo

---

[41] Por exemplo: "AÇÃO ANULATÓRIA. PEDIDO DE ASSISTÊNCIA. Sendo inequívoco o interesse moral e econômico dos recorrentes no litígio dos autores contra os réus da ação anulatória e como o resultado desta ação influirá no direito pretendido por eles, cabível o deferimento da assistência. Recurso provido". TJRS, AI 70012130530, 7. C. C., Rel. Des. Sérgio Fernando de Vasconcellos Chaves, j. 28.09.2005.

[42] "AGRAVO INTERNO. PEDIDO DE INGRESSO NA CAUSA NA CONDIÇÃO DE ASSISTENTE. CONSELHO FEDERAL DA OAB. AUSÊNCIA DE INTERESSE JURÍDICO. 1. O interesse corporativo ou institucional do Conselho de Classe em ação em que se discute tese que se quer ver preponderar não constitui interesse jurídico para fins de admissão de assistente simples com fundamento no artigo 50 do Código de Processo Civil. Precedente: AgRg no AgRg na PET nos EREsp 1226946/PR, Rel. Ministra Eliana Calmon, Corte Especial, DJe 10/10/2013. 2. Agravo Interno não provido". AgInt na PET no REsp 1590570/PB, 2. T., Rel. Min. Herman Benjamin, j. 17.11.2016. DJe 19.04.2017.

[43] *Instituições*, v. II, p. 386.

Righi assinala: "era preferível que o legislador houvesse feito algo inédito –mas possível a qualidade dos juristas brasileiros e de todos os anos de estudo de direito processual aqui realizados –, separando os institutos da assistência simples e da assistência litisconsorcial pela sua verdadeira natureza jurídica. Assim, a intervenção voluntária adesiva (assistência simples) deveria ter sido colocada – diga-se de passagem, como estava previsto no Anteprojeto – no capitulo destinado à intervenção de terceiros. Já a matéria relacionada à intervenção voluntária qualificada (assistência litisconsorcial) em sua sede própria, a Secção consagrada ao Litisconsórcio. Esse é o correto enquadramento sistemático pela natureza jurídica dos dois institutos. Como isto não foi feito pela via legislativa, deve ser feito pela via da exegese".[44]

Contudo, o Código manteve formalmente a dicotomia, abaixo analisada.

2.3.1. Assistência simples

É a modalidade tradicional da assistência. Nela, o terceiro não ostenta vínculo jurídico com o adversário de seu assistido. Ele tem relação jurídica com a própria parte que busca auxiliar.[45] O seu interesse reside nos reflexos que a sentença a ser proferida no processo alheio irá projetar, afetando uma sua relação com o assistido.[46] Com a sua atuação, o assistente procurará influenciar o contraditório, modulando os efeitos da sentença, de acordo com os seus interesses.

---

[44] As divergências na conceituação da assistência simples e litisconsorcial, p. 208-209. In: *O Terceiro no Processo Civil Brasileiro e Assuntos Correlatos*. Orgs. Didier Jr., Fredie *et al*. São Paulo: RT, 2010.

[45] Assinalam Daniel Mitidiero, Luiz Guilherme Marinoni e Sérgio Cruz Arenhart que "a característica marcante do assistente simples é seu caráter de auxiliar. A intervenção se dá e molda-se de maneira a permitir que o terceiro auxilie a parte a ter solução favorável a fim de evitar que seu interesse seja prejudicado. Esse auxílio legitima-se porque o resultado da causa pode afetar, reflexamente, o interesse jurídico do assistente. Por essa razão, é necessário que o assistente simples demonstre interesse jurídico para ser admitido a ingressar no processo. Em outros termos: não basta um interesse qualquer, que não possa ser qualificado como jurídico. É preciso que o assistente simples tenha interesse jurídico em sentença favorável ao assistido, seja porque possui interesse na correta interpretação dos fatos e do direito colocados em litígio que diretamente não lhe diz respeito, seja porque possui relação jurídica com o assistido, a qual depende da solução a ser dada ao litígio que deve ser decidido". *Novo curso de processo civil*: tutela dos direitos mediante procedimento comum, vol. II, São Paulo: RT, 2015, p. 94.

[46] Em sentido contrário, Luiz Guilherme Marinoni, afirmando que "a afirmação de que o assistente simples deve, necessariamente, ter relação jurídica com a parte assistida, é falsa". *Sobre o Assistente Litisconsorcial*, p. 252.

No entanto, considerando a sua posição no plano da realidade (do direito material), o assistente não poderá exercer, de forma ampla, os poderes derivados do princípio dispositivo. Ele não contrariará a vontade do assistido e se sujeitará à sua atuação.

A nomenclatura "assistência adesiva" remonta à doutrina italiana, que se vale da empressão "intervento adesivo dipendente" para se opor ao "intervento adesivo autonomo". A intervenção será adesiva dependente (equivalente à nossa intervenção simples) em vista de que o interveniente tem o fito exclusivo de aderir a defesa alheia, não fazendo valer um direito autônomo, na medida em que é titular de uma relação dependente. Parte das seguintes perspectivas: a) "interveniente con esclusivo *fine di adesione*'"; b) "terzo che non fa valere un diritto autonomo" e c) "titolare di un rapporto dipendente".[47]

Nesse sentido, assevera Carlos Alberto Alvaro de Oliveira que "o assistente simples não traz ao processo a discussão da sua relação jurídica, mas limita-se a sustentar a posição da parte assistida na relação entre esta e o adversário; não afirma a sua titularidade, ativa ou passiva, de uma ação de direito material, ingressando no processo com a finalidade de impedir que a sentença do juiz produza, inclusive em via indireta e secundária, um prejuízo para ele. O seu interesse é apenas jurídico, porquanto a sentença proferida entre as partes só reflexamente interfere na esfera de seu direito. Não se pode sequer cogitar da extensão da coisa julgada material ao assistente simples".[48]

O exemplo típico da assistência, nos livros didáticos, ocorre diante do fenômeno da "sublocação". No plano do direito material, admite-se que, com a concordância do locador, o bem seja sublocado pelo locatário, o qual, entretanto, permanece vinculado perante o credor no contrato originário.[49] Desta forma, caso o locador se depare com o inadimplemento (por exemplo, o não pagamento de aluguel), o alvo de sua ação de despejo será o locatário, o qual, por sua vez, poderá ser assistido pelo sublocatário. A atuação deste assistente, dentro do processo, poderá redundar em benefício, a parte assistida (locatário) e a si.

Outras tantas situações legitimantes poderiam ser aventadas, tais como: intervenção do fiador nas ações em que o devedor é

---

[47] Cf. COMOGLIO, FERRI e TARUFFO, Op. cit., p. 313-314.

[48] *Alienação da Coisa Litigiosa*, 2. ed. Rio de Janeiro, 1986. p. 173.

[49] Por isso, a Lei do Inquilinato (Lei nº 8.245/91) dispõe, em seu art. 15, que "rescindida ou finda a locação, qualquer que seja sua causa, resolvem-se as sublocações, assegurado o direito de indenização do sublocatário contra o sublocador".

demandado, a despeito do benefício de ordem; intervenção das empresas nas ações de indenização acidentárias propostas em face do INSS;[50] atuação da seguradora em demandas indenizatórias dirigidas exclusivamente contra o segurado, etc.

2.3.2. Assistência litisconsorcial

A figura do assistente litisconsorcial é regulada pelo art. 124, CPC. Prescreve o artigo: "Considera-se litisconsorte da parte principal o assistente sempre que a sentença influir na relação jurídica entre ele e o adversário do assistido".

Nas hipóteses de assistência litisconsorcial, a relação jurídica apresentada pelo assistente envolve o adversário do assistido. O assistente litisconsorcial ostentava legitimidade ativa ou passiva para figurar, desde o nascedouro, no processo. Mas dele apenas vem a ter ciência (ou desejo de intervir), no seu curso. Seu interesse, portanto, atinge a *mesma intensidade* do conflito de interesses do assistido em face de seu adversário.[51]

Muito embora presente no direito italiano medieval, foi na ZPO alemã que o instituto consagrou-se nos moldes de como hoje se encontra na legislação brasileira. Com efeito, assim reza o § 69 do ordenamento tedesco: "toda vez que, segundo os preceitos do direito civil, a sentença proferida no processo principal haja de produzir efeito de coisa julgada sobre a relação jurídica existente entre o interveniente e a parte contrária, o interveniente adesivo será considerado litisconsorte da parte principal, no sentido do § 61".[52]

Nessa linha, o assistente litisconsorcial defenderá direito próprio e não atuará simplesmente como um coadjuvante da parte assistida. Na assistência litisconsorcial, ao mesmo tempo em que o assistente alia sua defesa ao do assistido, ele litiga em face do adver-

---

[50] Por ilustração: "AGRAVO DE INSTRUMENTO. AÇÃO PREVIDENCIÁRIA. INTERVENÇÃO DE TERCEIROS. INTERESSE JURÍDICO REFLEXO. ASSISTÊNCIA SIMPLES. Demonstrado que a sentença prolatada na ação acidentária proposta em desfavor do INSS poderá ter eficácia reflexa nos interesses jurídicos da empregadora da parte autora, deve ser mantida a decisão que deferiu a sua intervenção no feito como assistente simples". TJMG, 15. C.C., AI 1.0701.13.045392-4/001, Rel. Des. Tiago Pinto, j. 17.08.2017.

[51] Cf. ATHOS CARNEIRO, *Intervenção de Terceiros*, p. 158.

[52] Aproveitamos, pela didática, a tradução de Ovídio Baptista da Silva, em Assistência Litisconsorcial, p. 88. No original: "§ 69 *Streitgenössische Nebenintervention Insofern nach den Vorschriften des bürgerlichen Rechts die Rechtskraft in der in dem Hauptprozeß erlassenen Entscheidung auf das Rechtsverhältnis des Nebenintervenienten zu dem Gegner von Wirksamkeit ist, gilt der Nebenintervenient im Sinne des § als Streitgenosse der Hauptpartei*".

sário comum. E será diretamente afetado pela sentença. Daí aludir Ovídio Baptista da Silva em "uma forma oscilante entre o assistente simples e o opoente".[53]

Consideramos correta a exegese, no sentido de que o ingresso do assistente litisconsorcial nos processos permite a formação de litisconsórcio ulterior. Assinalam, a este respeito, Daniel Mitidiero, Luiz Guilherme Marinoni e Sérgio Cruz Arenhart que "em certas situações, aquele que é titular do direito material discutido em juízo pode ingressar ulteriormente no processo e aderir à posição de uma das partes para 'assisti-la' frente ao embate que trava com o adversário que lhes é comum. É exatamente essa a forma de intervenção que é consentida a título de assistência litisconsorcial: o assistente litisconsorcial é o titular do direito discutido em juízo – e, dessa forma, será atingido pela coisa julgada – que ingressa ulteriormente no processo. Daí a razão pela qual não se trata propriamente de espécie de assistência. Trata-se de uma verdadeira intervenção litisconsorcial ulterior".[54]

Entretanto, esta não é uma posição tranquila, sem sede doutrinária. Por ilustração, o magistrado Cândido Leal Junior, em estudo específico sobre a justificativa e função da assistência litisconsorcial no direito processual civil, não admite a formação do litisconsórcio facultativo ulterior. Alinha os seguintes argumentos: (a) "primeiro, porque infringiria o regime da estrita legalidade a que se submete o litisconsórcio. Há necessidade de previsão legal para que as partes possam litisconsorciar-se, seja ativa ou passivamente. E não há norma legal que autorize o ingresso tardio do litisconsorte unitário facultativo originalmente ausente"; (b) "segundo, porque infringiria o princípio da estabilização do processo posto pelo art. 264 do CPC"; (c) "além disso, a admissão ulterior de um litisconsorte facultativo seria inconveniente, por atentar contra a economia processual". A partir dessas considerações, o autor conclui que "o litisconsórcio ulterior só é possível quando houver expressa previsão legal do ingresso tardio. No regime do litisconsórcio unitário e facultativo, não havendo tal permissão, é inadmissível o ingresso tardio de litisconsorte".[55]

Sob a égide do CPC/73, Cândido Rangel Dinamarco partilhava de semelhante entendimento, afirmando que "a má redação de

---

[53] *Assistência Litisconsorcial*, p. 90.

[54] *Novo curso de processo civil*: tutela dos direitos mediante procedimento comum, vol. II, São Paulo: RT, 2015. p. 97.

[55] *Justificativa e função da assistência litisconsorcial no direito processual civil*, p. 138-139.

dispositivos do Código de Processo Civil dá a entender que o assistente litisconsorcial não seja um assistente e sim um litisconsorte, mas essa ideia é inteiramente falsa. A locução considera-se litisconsorte, contida no art. 54, significa somente que as possibilidades de atuação deste assistente serão tantas quantas as de uma parte principal, ou seja, tantas quanto as de um litisconsorte. Esse dispositivo tem somente o efeito de definir o tratamento destinado ao interveniente nos casos em que a assistência é qualificada por uma proximidade maior entre sua própria situação jurídica e a pretensão que o autor trouxera para julgamento".[56]

O tema foi analisado por Ovídio Baptista da Silva, que procurou alcançar uma "solução coerente e cientificamente segura do enigma". além. Após analisar as doutrinas germânica e italiana sobre o tema, não observou problema algum em considerar os assistentes litisconsorciais como litisconsortes do assistido, em vista do ingresso tardio no processo. E, com razão, conclui que não há que espantar o fato desses litisconsortes terem poderes mais reduzidos que as partes originárias (como, por exemplo, desistir da ação ou modificar o objeto litigioso), afinal tais restrições se observam inclusive quanto aos litisconsortes necessários. Para este professor gaúcho, na medida em que se ampliassem os poderes do assistente simples, diminuiria, na mesma proporção, a necessidade de se conceber a figura do assistente litisconsorcial. Esta findaria por se dissolver na classe dos litisconsortes sucessivos ou mesmo na assistência simples.[57]

À luz do CPC/73, Luiz Guilherme Marinoni foi além e, após estudar "os lindes desta abstrusa figura", concluiu que "a antinomia está clara, impondo uma interpretação ab-rogante. É de se propor, pois, para que ocorra uma ab-rogação própria, a eliminação da norma do art. 54 do Código de Processo Civil do nosso ordenamento jurídico, porque aquilo que se pretendeu assistente litisconsorcial tem corpo e espírito de litisconsorte".[58]

Na nossa visão, o fato de o CPC/2015 ter afirmado textualmente que o assistente litisconsorcial deve ser considerado como um "litisconsorte da parte principal" é coerente com as lições acima de Ovídio Baptista e Luiz Guilherme Marinoni. Todavia, é lógico considerar

---

[56] *Instituições*, v. 2, p. 391.
[57] Assistência litisconsorcial, *RePro* nº 58, p. 128.
[58] *Sobre o assistente litisconsorcial*, p. 257.

que devem, nessas situações, estar presentes os requisitos legais ensejadores do litisconsórcio, insculpidos no art. 113.[59]

2.4. Tempo e procedimento padrão da assistência

O pedido de assistência pode ser formulado em qualquer momento do processo. O único limite temporal para que a assistência tenha cabimento é o trânsito em julgado. A partir desse momento, o terceiro interessado deverá buscar amparo em outro remédio jurídico processual (p. ex. ação rescisória).

Contudo, essa regra histórica, em nosso direito, no sentido de que a assistência tem espaço enquanto pender um processo eventualmente é contestada em face da valorização do princípio do juiz natural. Isto é, quando identificado que a utilização da assistência tem por objetivo selecionar um juízo específico, conveniente à defesa do assistente, acerta a jurisprudência em indeferi-la.[60]

Tratando-se de intervenção voluntária, compete ao terceiro optar (ou não) por assistir qualquer das partes, ciente de que receberá o processo no estágio em que se encontre, sem a possibilidade de repetir atos passados.[61]

O pleito assistencial ocorre nos próprios autos do processo. A lei processual não estipula qualquer requisito específico, razão pela qual a petição deverá apresentar, em especial, os fundamentos do requerimento e o objetivo da intervenção solicitada.[62]

---

[59] Art. 113: "Duas ou mais pessoas podem litigar, no mesmo processo, em conjunto, ativa ou passivamente, quando: I – entre elas houver comunhão de direitos ou de obrigações relativamente à lide; II – entre as causas houver conexão pelo pedido ou pela causa de pedir; III – ocorrer afinidade de questões por ponto comum de fato ou de direito".

[60] Por ilustração: "Processual Civil. Mandado de Segurança. Informações Prestadas. Agravo Regimental. Litisconsórcio Ativo. Assistência. Impossibilidade. Lei 1533/51 (art. 19). Lei 6.071/74. 1. Ajuizada a ação e prestadas as informações inviabiliza-se processualmente a admissão de assistência litisconsorcial ativa. Em contrário pensar, a tardia admissão afrontaria o princípio do juiz natural e tangenciaria a livre distribuição. 2. Precedentes jurisprudenciais. 3. Agravo sem provimento". AgRg no MS 7.307/DF, 1. S., Rel. Min. Milton Luiz Pereira, j. 29.11.2001. DJ 25.03.2002, p. 163.

[61] Nada impede, entretanto, que o juiz postule a renovação de atos, para a melhor instrução da causa. Esta é outra questão.

[62] "PROCESSUAL CIVIL. AGRAVO INTERNO NO AGRAVO EM RECURSO ESPECIAL. AUSÊNCIA DE REQUERIMENTO DE ADMISSÃO NO FEITO NA CONDIÇÃO DE ASSISTENTE E DECISÃO DE ADMISSÃO. AGRAVO NÃO CONHECIDO. 1. A assistência simples, regulada pelos arts. 121, 122 e 123, do CPC/2015, exige requerimento e a existência, de fato, de interesse jurídico na demanda, podendo ser requerida e admitida a qualquer tempo e em qualquer grau de jurisdição. 2. Há, nos autos, uma simples petição do ora recorrente prestando informações, sem qualquer pretensão de ingresso na demanda, na condição de assistente.

Antes de se pronunciar quanto à admissibilidade, em nome do contraditório, o magistrado deve dar ciência da postulação às partes, para que estas eventualmente impugnem o ingresso do terceiro. Segundo o art. 120, CPC, é de quinze dias o prazo para a manifestação das partes e da leitura conjugada com o parágrafo único, consideramos que essa impugnação deve-se limitar a ausência de interesse jurídico, afinal o instituto da assistência existe em nosso direito para a proteção do terceiro.[63] Não é razoável, portanto, uma mera inconformidade da parte (ainda que assistida) seja suficiente para evitar o deferimento do ingresso do terceiro.

Após a manifestação das partes (ou mesmo sem elas), compete ao magistrado aferir a existência (ou não) do interesse jurídico do terceiro. Poderá ocorrer o indeferimento, mesmo com o aval de todas as partes, pois o critério determinante para a decisão é a presença de interesse jurídico. Edson Prata, na vigência do diploma anterior, posicionava-se nesse sentido, salientando que "não impugnado o pedido por nenhuma das partes, a assistência será deferida, isto se o magistrado entender sobejamente provado o interesse jurídico do assistente".[64]

Qualquer que seja o teor desta decisão judicial, caberá agravo de instrumento, uma vez que o art. 1.015, IX, preconiza a recorribilidade da decisão interlocutória que verse sobre admissão ou inadmissão de intervenção de terceiros. É o caso.

A partir de sua habilitação, poderá o assistente participar dos atos processuais futuros, iluminando a solução da causa.

Ainda em relação ao procedimento, assinala o art. 121, parágrafo único, que a "sendo revel ou, de qualquer outro modo, omisso o assistido, o assistente será considerado seu substituto processual". Esta previsão sempre foi controvertida. No CPC/73, o fenômeno era regulado no art. 52, parágrafo único, da seguinte forma: "sendo revel o assistido, o assistente será considerado seu gestor de negócios".

Na visão de Fredir Didier Junior, "a troca de 'gestor de negócios', que aparecia no texto de 1973, por 'substituto processual' é um

---

Por conseguinte, não há registro, nos autos, de decisão admitindo-o nessa condição. 3. Assim, não há alternativa, senão reconhecer a ausência de legitimidade ad causam. 4. Agravo interno não conhecido". AgInt no AREsp 844.055/SP, 2. T., Rel. Min. Og Fernandes, j. 16.05.2017. DJe 19.05.2017.

[63] Art. 120: "Não havendo impugnação no prazo de 15 (quinze) dias, o pedido do assistente será deferido, salvo se for caso de rejeição liminar. Parágrafo único. Se qualquer parte alegar que falta ao requerente interesse jurídico para intervir, o juiz decidirá o incidente, sem suspensão do processo".

[64] *Assistência no processo civil*, p. 59.

aperfeiçoamento técnico, pois, de fato, o assistente simples atuará, em nome próprio, na defesa de interesses do assistido – e, assim, será seu substituto processual. Isso já foi dito linhas atrás. A principal mudança, porém, foi o acréscimo do texto ou, de qualquer outro modo, 'omisso'. Com o acréscimo, deixa-se claro que o assistente simples pode suprir qualquer omissão do assistido, e não apenas a revelia".[65] Esta atuação, porém, encontrará como limite a subordinação à vontade do assistido, o qual, embora revel, poderá comparecer a qualquer tempo e praticar os atos do processo na qualidade de parte.[66] A vontade do assistido preponderará, em caso de conflito.

2.5. Extensão dos poderes dos assistentes

A admissão do terceiro, na qualidade de assistente, viabiliza a sua participação nos atos futuros do processo. De uma forma didática, afirma o art. 121, que o assistente simples atuará como auxiliar da parte principal, exercerá os mesmos poderes e sujeitar-se-á aos mesmos ônus processuais que o assistido. Na medida em que o assistente litisconsorcial assume a posição de litisconsorte, também estará autorizado (com ainda maior liberdade) a atuar em juízo.

Nesse sentido, prescreve o art. 122 que "a assistência simples não obsta a que a parte principal reconheça a procedência do pedido, desista da ação, renuncie ao direito sobre o que se funda a ação ou transija sobre direitos controvertidos". Compreende-se a disposição legal, afinal o assistente simples não é o titular da relação jurídica controvertida. Ele receberá, "apenas", efeitos reflexos da pronúncia judicial. Portanto, conserva a parte assistida plena liberdade para dispor de sua esfera jurídica.

Já a atuação do assistente litisconsorcial costuma ser ainda mais ativa, pois, ao contrário do assistente simples, que se submete ao relativo império da vontade do assistido, tem o assistente litisconsorcial uma atuação mais autônoma. Por ilustração: não é dado ao assistente simples invocar incompetência relativa (atitude privativa do réu),

---

[65] *Curso de direito processual civil*: introdução ao direito processual civil, parte geral e processo de conhecimento, 17. ed. Salvador: Juspodivm, 2015. p. 485.

[66] Por decorrência, como exemplifica Fredie Didier Junior: "quando houver ato negocial dispositivo praticado pelo assistido, a vontade do assistente simples não poderá ser em sentido contrário. Enfim, se há negócio jurídico dispositivo realizado pelo assistido, o assistente a ele se subordina; essa subordinação não se dá, porém, em relação aos ato-fatos processuais praticados pelo assistido, justamente porque neles não há vontade (ou, se houver, isso é irrelevante para o Direito) que possa ser contrastada pela atuação do assistente". Op. cit. p. 485.

contudo o assistente litisconsorcial, caso o processo se encontre na fase inicial, poderá argui-la, na qualidade de litisconsorte passivo.

Contudo, a atuação do assistente simples está condicionada à vontade do assistido. Os assistentes devem respeitar a "estratégia de defesa" dos assistidos.[67] Isto é, o assistente simples se sujeita às decisões tomadas pela parte assistida. Aponta o Ministro Félix Fischer que a o assistente simples não pode "obstaculizar os atos do assistido para dispor do seu direito. Sua atividade pode suprir omissões, mas eventual ato de vontade praticado pelo assistido deve prevalecer sobre o do assistente simples".[68]

O professor Eduardo Arruda Alvim ilustra o fenômeno: "A limitação da atividade do assistente simples manifesta-se sob diversas formas. Por exemplo, poderá, em caso de eventual perícia, formular quesitos, os quais, todavia, poderão ser tidos por inconvenientes pelo assistido. Poderá indicar testemunhas, mas o assistido poderá discordar dos nomes indicados, e assim por diante. A atividade do assistente não encontrará obstáculo na vontade do assistido apenas quanto às matérias que digam respeito à atividade oficiosa do juiz. É que, nessas hipóteses, se ao juiz cabe agir *ex officio*, não se poderá impedir o agir do assistido".[69]

Uma questão delicada reside na legitimidade recursal do assistente, diante da sucumbência do assistido. Inúmeros julgados exigem a interposição de recurso pela parte assistida para que ocorra o conhecimento da insurgência do assistente.[70] Argumenta-se que "fa-

---

[67] Cândido Rangel Dinamarco: "ao intervir, o terceiro adquire a qualidade de parte. Qualquer que seja a modalidade de assistência, ele terá faculdades, ônus, poderes e deveres inerentes à relação processual. Tem a liberdade de participar, praticando atos do processo. É legitimado a recorrer de decisões desfavoráveis ao assistido. Está, como toda parte, sob sujeição ao poder exercido pelo juiz (art. 52). Mas, como o litígio não é seu, nem seu o direito que ele vem defender, o assistente não tem poderes de disposição sobre o processo ou sobre a relação jurídica substancial controvertida, nem está autorizado a contrariar as estratégias de defesa do assistido". *Instituições de Direito Processual Civil*, v. II, São Paulo: RT, 2003. p. 388.

[68] Trecho do voto proferido no julgamento pela 5ª Turma do Superior Tribunal de Justiça, do Recurso Especial nº 146.482/PR, DJ: 31/05/1999, p. 167.

[69] Breves Considerações sobre a Assistência e o Recurso do Terceiro Prejudicado. In: *O Terceiro no Processo Civil Brasileiro e Assuntos Correlatos*, DIDIER JR., Fredie *et al.* (orgs.) São Paulo: RT, 2010. p. 186.

[70] Nesse sentido: "PROCESSUAL CIVIL. AGRAVO REGIMENTAL NO RECURSO ESPECIAL. ASSISTÊNCIA SIMPLES. RECURSO DO ASSISTENTE DIANTE DA INÉRCIA DO ASSISTIDO. IMPOSSIBILIDADE. RECURSO NÃO PROVIDO. 1. O assistente simples não tem legitimidade recursal se o assistido não interpõe recurso. Incidência da Súmula n. 83/STJ. Precedentes. 2. Agravo regimental a que se nega provimento". AgRg no REsp 1217004/SC, 4. T., Rel. Min. Antonio Carlos Ferreira, j. 28.08.2012. DJe 04.09.2012.

lece legitimidade recursal ao assistente simples quando a parte assistida desiste ou não interpõe o recurso especial".[71]

Já na edição anterior desta obra, considerávamos equivocada a orientação acima, na medida em que priva o assistente de acessar o segundo grau de jurisdição ou mesmo os Tribunais Superiores. Na medida em que o direito processual autoriza recursos de terceiros prejudicados, seria uma contradição restringir a legitimidade recursal do assistente. Assim, o mais correto seria condicionar o conhecimento do recurso do assistente simples à inexistência de manifestação expressa em sentido contrário da parte assistida.[72] Com razão o Ministro Vicente Leal, ao afirmar que "segundo a melhor exegese deste preceito, pode o assistente interpor recurso, ainda que não o faça o assistido, desde que não haja por parte deste expressa manifestação em sentido contrário".[73] É o caso, por exemplo, do requerimento inequívoco de desistência, com o qual se busca encerrar o litígio.[74]

O tema foi alvo de intenso debate no Superior Tribunal de Justiça, por ocasião do julgamento de embargos de divergência, pela Corte Especial. Por maioria de votos, fixou-se a seguinte orientação: "segundo o entendimento mais condizente com o instituto da assistência simples, a legitimidade para recorrer do assistente não esbarra na inexistência de proposição recursal da parte assistida, mas na vontade contrária e expressa dessa no tocante ao direito de permitir a continuidade da relação processual".[75]

2.6. Assistência da União Federal

Historicamente, o requisito do "interesse jurídico" sempre foi exigido nos requerimentos de assistência. Todavia, preocupada com

---

[71] EDcl no AgRg no REsp 1180487/RJ, 1. T., Rel. Min. Benedito Gonçalves, j. 21.06.2011. DJe 29.06.2011.

[72] Nessa linha: "Processual civil. Assistente simples. Interesse para recorrer. Recurso especial. 1. Ao assistente é dado exercer os exatos poderes atribuídos à parte principal, sujeitando-se, assim, aos mesmos ônus processuais (CPC, art. 52). Vedado, tão somente, é o recurso interposto em manifesta contrariedade à vontade do assistido. 2. Recurso Especial conhecido e provido, para cassar o Acórdão recorrido e determinar o retorno dos autos à origem, para que seja apreciado o mérito do apelo manejado pela União'. (STJ, 5ª Turma, Rel. Min. Edson Vidigal, RESP 260083/RJ, DJ: 25/09/2000, p. 135)

[73] REsp 99.123/PR, 6. T. Rel. Min. Vicente Leal, j. 03.06.2002. DJ 01.07.2002, p. 410.

[74] AgInt na DESIS no REsp 1504644/SP, 1. T., Rel. Min. Napoleão Maia Filho, j. 13.06.2017. DJe 26.06.2017.

[75] EREsp 1068391/PR, CE, Rel. Min. Humberto Martins, Rel. p/ Acórdão Mina. Maria Thereza Moura, j. 29.08.2012. DJe 07.08.2013.

a projeção econômica e social de determinadas causas, à União Federal foi oferecido um tratamento peculiar, através da Lei 9.469/97, a qual dentre outros aspectos disciplinou a intervenção da União nas causas em que figurarem, como autores ou réus, entes da administração indireta.

A Constituição Federal, em seu artigo 109, inciso I, resguarda a competência da Justiça Federal para processar e julgar as causas em que ela, entidade autárquica ou empresa pública federal forem interessadas na condição de autoras, rés, assistentes ou oponentes, exceto as de falência, as de acidentes de trabalho e as sujeitas à Justiça Eleitoral e à Justiça do Trabalho.

Dessa forma, à luz do texto constitucional, sempre que houver requerimento a título de assistência por parte da União Federal, a competência deverá ser deslocada para a Justiça Federal.[76] Após debates que ocorriam em todo o território nacional, quanto ao tema da competência para a apreciação dos requerimentos de assistência, o Superior Tribunal de Justiça editou a Súmula 150, afirmando que "compete à Justiça Federal decidir sobre a existência de interesse jurídico que justifique a presença, no processo, da União, suas autarquias ou empresas públicas". Em um dos acórdãos que deram origem à súmula, o Ministro Ruy Rosado de Aguiar Junior considerou que "não sendo assim, ficaria com a Justiça Estadual proferir julgamento sobre a existência do interesse da União na causa, com desatenção à regra de distribuição de competência instituída na Constituição da República".

Portanto, a análise do deferimento da assistência da União (ou de qualquer outra modalidade de intervenção de terceiros) é de competência da Justiça Federal.[77] Caso indeferido o requerimento, então o processo seguirá a sua marcha perante a Justiça Estadual.

---

[76] Em trabalho vencedor do 1º Concurso de Monografias Desembargador Celso Afonso Soares Pereira, realizado pela Associação dos Juízes do Rio Grande do Sul, em 1978, o magistrado Ari Pargendler, debruçado sobre a realidade de então, concluiu que "mais do que uma decorrência do sistema, a competência da Justiça Estadual (=Justiça do Trabalho) para indeferir o pedido de assistência da União é uma exigência da economia processual. Porque se a cada um desses pedidos o feito devesse ser paralisado para que a Justiça Federal dissesse do seu merecimento, bem pouca seria a funcionalidade da nossa estrutura judiciária". *A Assistência da União Federal nas Causas Cíveis*, Porto Alegre: Coleção Ajuris nº 14, 1979. p. 46.

[77] Por ilustração: "apresentada manifestação de interesse da Caixa Econômica Federal no deslinde do feito, em obediência ao enunciado contido na Súmula 150 do STJ, compete à justiça federal decidir sobre a existência do interesse jurídico que justifique a presença, no processo, da União, suas autarquias ou empresas públicas". AgInt no AREsp 505.880/MG, 4. T. Rel. Min. Marco Buzzi, j. 10.10.2017. DJe 19.10.2017.

Quanto ao mérito do requerimento, cumprirá à União demonstrar concretamente os reflexos de natureza econômica que o julgamento daquela demanda poderá gerar. Isto porque a Lei n° 9.469/97 (oriunda da Medida Provisória n° 1.561), em seu artigo 5°, dispôs que "a União poderá intervir nas causas em que figurarem, como autoras ou rés, autarquias, fundações públicas, sociedades de economia mista e empresas públicas federais". E no parágrafo único do mesmo dispositivo tornou certo que "as pessoas jurídicas de direito público poderão, nas causas cuja decisão possa ter reflexos, ainda que indiretos, de natureza econômica, intervir, independentemente da demonstração de interesse jurídico, para esclarecer questões de fato e de direito, podendo juntar documentos e memoriais reputados úteis ao exame da matéria e, se for o caso, recorrer, hipótese em que, para fins de deslocamento de competência, serão consideradas partes".

Como se vê, para o fim de viabilizar a atuação da União nas causas cíveis, não houve qualquer menção ao "interesse jurídico".[78]

Uma última peculiaridade reside no efeito da desistência da intervenção. Tal circunstância deveria determinar novo deslocamento da competência? Consideramos que em nome da segurança jurídica e da seriedade da atuação da Administração, a União deveria se abster de voltar atrás em seus próprios passos, revisando atos passados. Evitar-se-ia desta forma que a troca de administradores gerasse tumulto processual. Nessa linha, a jurisprudência do Superior Tribunal de Justiça, com apoio na doutrina de Pargendler, firmou-se no sentido de vedar a desistência da União, em razão do tumulto processual que esta atitude acarreta. Privilegia-se, assim, a seriedade das manifestações estatais.[79]

---

[78] Anota GRECO FILHO: "daí podermos concluir que, em virtude da legitimação estabelecida pelo texto legal, a intervenção da União pode ocorrer, nas hipóteses citadas, ainda que o interesse de intervir seja meramente de fato ou, ainda, apenas para acompanhar o feito como observadora. Releva ressaltar, ainda, que fica afastada por incompatível com a nova sistemática legal a jurisprudência anterior restritiva à intervenção da União nas causas em que são partes as pessoas jurídicas acima enunciadas, inclusive no concernente à deslocação do foro para a sede da circunscrição da Justiça Federal, fato que, agora, parece inconteste. A lei criou, por conseguinte, uma figura especial de intervenção, não enquadrável nas hipóteses capituladas como de intervenção de terceiros no Código de Processo Civil, que tem como pressuposto apenas a posição da autora ou ré uma das pessoas referidas na lei e na vontade da União. O interesse, no caso, se presume pela participação de capital majoritário federal nas empresas públicas ou sociedades de economia mista e pela criação no caso das fundações". *Direito Processual Civil*, v. 1, Saraiva: Rio de Janeiro, 2003. p. 151.

[79] Nessa linha: "Processo civil. Assistencia da união. Desistencia. *'perpetuatio jurisdictionis'*. Sendo a assistencia uma modalidade de intervenção voluntaria, a incidencia da sumula num. 218 do Supremo Tribunal Federal depende de a união reivindicar essa posição no processo. Mas deferido o pedido de assistencia, a união ja não pode dela desistir, sob pena de tumulto, o mais radical, na medida em que acarretaria o deslocamento da causa para outra jurisdição, a

2.7. O efeito da intervenção e a coisa julgada na assistência

De acordo com o art. 123, "transitada em julgado a sentença no processo em que interveio o assistente, este não poderá, em processo posterior, discutir a justiça da decisão, salvo se alegar e provar que: I – pelo estado em que recebeu o processo ou pelas declarações e pelos atos do assistido, foi impedido de produzir provas suscetíveis de influir na sentença; II – desconhecia a existência de alegações ou de provas das quais o assistido, por dolo ou culpa, não se valeu".

Uma primeira indagação acerca do dispositivo diz respeito à sua aplicabilidade a ambos os assistentes. Ou seja, tanto o adesivo como o qualificado sujeitar-se-iam aos efeitos da intervenção? O tema era polêmico no diploma anterior (art. 55, CPC/73).[80]

Justamente para resolver a dúvida, o art. 123 foi inscrito na Seção II, dedicada ao assistente simples.[81] De seu turno, a participação do assistente litisconsorcial permite a formação de coisa julgada, que será eventualmente ultrapassada nas hipóteses legais.

O sentido do art. 123 é propiciar ao terceiro, em razão da entrada tardia no processo, respeito à garantia constitucional ao contraditório. Seria injusto sujeitá-lo, sem reservas, à eficácia de uma sentença proferida sem a sua efetiva participação. Solução contrária desestimularia a utilização da assistência, prejudicando a aplicação democrática do direito.

Quanto aos "efeitos da intervenção", impede a lei que a justiça da decisão seja contestada em processo futuro, blindando a sentença em face de contestações do assistente. Historicamente, anota a

---

da justiça do estado. Não se trata de transformar em obrigatoria uma intervenção voluntaria, mas sim de uma providencia que visa a dar seriedade a manifestação do interesse da união na causa, impedindo-a de retratar-se ao sabor do que pensam os procuradores que eventualmente se sucedem na sua representação. Recurso especial não conhecido". REsp 164.635/SP, 2. T., Rel. Min. Ari Pargendler, j. 07.05.1998. DJ 25.05.1998, p. 89. No mesmo sentido, Recurso Especial nº 169.517/SP, 2. T., Rel. para acórdão, Min. Ari Pargendler, DJ: 19.10.1998, p. 70.

[80] Por ilustração, RIBEIRO, Antonio de Padua. *A Assistência no novo Código de Processo Civil*, p. 123.

[81] Maria Berenice Dias era enfática: "cabe lembrar que, a ditos efeitos de intervenção, só está sujeito o assistente simples, uma vez que, ocorrendo a intervenção principal ou autônoma, o ingresso do colegitimado o coloca na condição de parte, e como tal submete-se à sentença, e à coisa julgada." (Op. cit., p. 109). Era a mesma posição de EDSON PRATA, *Assistência no Processo Civil*, p. 62: "utilizando-se da palavra influir, afigura-se-nos ter deixado claro que a esfera jurídica do assistente litisconsorcial é atingida pela sentença, pela sua parte dispositiva, revestida pela autoridade de coisa julgada".

doutrina que os efeitos superariam a coisa julgada, no momento em que não se limitariam ao dispositivo da sentença.[82]

Contudo, o art. 123 permite a utilização de duas exceções pelo assistente: (a) a demonstração de que o seu ingresso em momento avançado da causa impediu o exercício efetivo do contraditório (impossibilidade de produção de provas relevantes para o desate) e (b) desconhecimento de alegações e provas que o assistido, por dolo ou culpa, não tenha se valido. Além dessa hipótese, considerando a função fiscalizatória da assistência, também lhe será autorizado invocar e demonstrar eventual conluio das partes do assistido e do seu adversário.[83]

As exceções deverão ser demonstradas, com fundamentação adequada, pelo assistente.

---

[82] MARINONI, Luiz Guilherme; ARENHART, Sérgio Cruz. op. cit., p. 189-190.

[83] Nesse sentido: "Embargos de Terceiro. Parte. Assistente. Ação de reintegração de posse. O adquirente de boa-fé que intervém, na fase da apelação, na ação de reintegração de posse que tramita entre outras partes, pode depois opor embargos de terceiro, alegando que houve conluio do autor e do réu revel. Art. 55, I, do CPC. Recurso conhecido e provido". STJ, RESP 248.288/PR, 4ª T, Rel. Min. Ruy Rosado de Aguiar, DJU 19.06.2000, p. 00153.

Capítulo 3 - Da denunciação da lide

3.1. Funções da denunciação da lide

A denunciação da lide é um instituto utilizado frequentemente no Foro. De um lado, serve para que a parte chame um terceiro para auxiliá-la na defesa (v.g. demonstrando a lisura do negócio, impedindo a evicção, etc.). De outro, viabiliza o exercício do direito de regresso, decorrente de lei ou contrato.

O escólio de Ovídio Baptista da Silva conserva atualidade: "O instituto da denunciação da lide tem origem romana e sua função primordial liga-se ao interesse que o adquirente tem de dar conhecimento ao alienante da existência do litígio de que participa, a fim de que o alienante lhe preste auxílio na defesa da coisa por este transmitida, procurando impedir que o adquirente sofra evicção. Dois são os objetivos que poderão ser visados pela denunciação da lide. O primeiro reside no dever que o alienante tem de auxiliar o adquirente na defesa do direito sobre a coisa transmitida pelo ato de alienação; o outro é o dever de indenizar-lhe no caso de vir o adquirente a sofrer evicção. Dever de defesa, portanto, e dever de ressarcir os danos sofridos pelo adquirente em virtude da evicção, caso a defesa da coisa adquirida não seja capaz de evitá-la".[84]

A denunciação atende, assim, aos ideais de efetividade e economia processuais, facultando que as relações jurídicas travadas entre mais de duas pessoas sejam definidas e acertadas pela mesma sentença. Evita-se, com o ingresso do terceiro, a tramitação de outro processo, para o exercício do direito de regresso.

Dessa forma, a admissibilidade da denunciação da lide decorre do risco que a eventual sucumbência no processo originário oferece ao autor ou ao réu. Em tese, tanto o autor, quanto o réu, possuem a legitimidade para figurar no processo originário. Tanto assim que

---

[84] *Comentários ao CPC*, v. 1, p. 327.

admitem o risco da sucumbência. Diante do quadro surge a dúvida: caso a defesa do denunciante se paute pela ilegitimidade passiva, a denunciação ficaria inviabilizada?

Adverte Humberto Theodoro Júnior que a denunciação não se presta para corrigir a legitimidade ativa ou passiva: "não se pode, enfim, utilizar a denunciação da lide com o propósito de excluir a responsabilidade do réu para atribuí-la ao terceiro denunciado, por inocorrer direito regressivo a atuar na espécie". É que "em tal caso, se acolhidas as alegações do denunciante, a ação haverá de ser julgada improcedente e não haverá lugar para regresso; desacolhidas, estará afastada a responsabilidade do denunciado".[85]

Situação diversa, todavia, ocorre quando o réu afirma a sua ilegitimidade, porém, no plano da eventualidade (da argumentação), admite a versão da parte contrária, para o fim de identificação de um direito regressivo em relação a um terceiro. Nessa hipótese, há espaço para denunciação da lide, pois o reconhecimento da procedência da demanda originária permite o sucesso da denunciação.

Trata-se de fenômeno frequente no Foro, assim justificado por Rogéria Dotti: "É possível ao mesmo tempo denunciar a lide e arguir a ilegitimidade passiva? Não seriam tais teses incompatíveis entre si? A resposta é negativa. Apesar da denunciação da lide ter como pressupostos a legitimidade e a sucumbência (condenação com base em exame do mérito), conclui-se não haver verdadeira incompatibilidade diante do princípio da eventualidade e da aplicação da garantia constitucional da ampla defesa. Ou seja, ainda que o réu se considere parte ilegítima e procure comprovar tal condição, pode ele ao mesmo tempo denunciar a lide a um terceiro para a eventualidade de um entendimento diverso por parte do magistrado. Isto porque todas as teses possíveis devem estar abrangidas dentro da garantia da ampla defesa. A obrigatoriedade de apresentação de todas as teses de defesa, sob pena de preclusão, traduz a aplicação do princípio da eventualidade. E por que não dizer, assegura o desenvolvimento contínuo e progressivo do processo. Com efeito, a concentração dos atos processuais e consequente vedação de novas alegações funcionam como verdadeiros obstáculos a eventuais manobras que busquem eternizar a discussão judicial. Todavia, a medida que deve se apresentar desde logo todos os fundamentos da defesa, em determi-

---

[85] *Curso de Direito Processual Civil*, p. 112.

nadas circunstâncias haverá a obrigatoriedade de dedução de diferentes teses, ainda que incompatíveis entre si".[86]

Portanto, a denunciação poderá fortalecer a defesa do denunciante no processo (caso admitidas as suas razões pelo denunciado), bem como viabilizará a realização de pretensões regressivas, diante da sucumbência do denunciante na ação principal. Essas seriam as suas principais funções.

3.2. A facultatividade da denunciação no CPC/2015

Ao longo dos mais de 40 anos de vigência do CPC/73, sempre existiu debate em sede doutrinária e jurisprudencial quanto à "obrigatoriedade" da denunciação à lide. Isto porque o art. 70 daquele diploma afirmava textualmente que a denunciação da lide seria obrigatória em três hipóteses: "I – ao alienante, na ação em que terceiro reivindica a coisa, cujo domínio foi transferido à parte, a fim de que esta possa exercer o direito que da evicção lhe resulta; II – ao proprietário ou ao possuidor indireto quando, por força de obrigação ou direito, em caso como o do usufrutuário, do credor pignoratício, do locatário, o réu, citado em nome próprio, exerça a posse direta da coisa demandada; III – àquele que estiver obrigado, pela lei ou pelo contrato, a indenizar, em ação regressiva, o prejuízo do que perder a demanda".[87]

Em que pese a literalidade ("obrigatória"), especialmente na década final de sua vigência, era majoritária a posição da doutrina e da jurisprudência no sentido de que o não oferecimento da denunciação

---

[86] A denunciação da lide e a ilegitimidade passiva *ad causam*. Fredie Didier Junior *et al.* (orgs.) *O Terceiro no Processo Civil Brasileiro e Assuntos Correlatos*, São Paulo: RT, 2010. p. 468-469.

[87] O texto legal ainda é lembrado nos julgados: "RECURSO ESPECIAL. PROCESSUAL CIVIL E CIVIL. AÇÃO POSSESSÓRIA. DENUNCIAÇÃO DA LIDE, PELO RÉU, AO ALIENANTE (CPC/73, ART. 70, I). EVICÇÃO (CC/1916, ART. 1.107; CC/2002, ART. 447). OBRIGATORIEDADE (CC/1916, ART. 1.116; CC/2002, ART. 456). RECURSO PROVIDO. 1. Discute-se a denunciação da lide ao alienante do imóvel, promovida pelo réu adquirente em ação possessória, com fundamento no art. 70, I, do CPC/1973, a fim de garantir o exercício de direito de evicção (CC/1916, art. 1.107; CC/2002, art. 447). 2. Alegada pelo réu a aquisição onerosa de domínio e posse de terreno objeto de ação possessória, a denunciação da lide ao alienante era obrigatória ao tempo do ajuizamento da demanda, nos termos da lei material, para a garantia do direito decorrente da evicção (CC/1916, arts. 1.107 e 1.116; CC/2002, arts. 447 e 456). 3. Sendo obrigatória para o adquirente a denunciação da lide no caso, é despicienda a discussão acerca da natureza jurídica da ação judicial, pois cabível essa modalidade de intervenção de terceiros em todas as ações do processo de conhecimento, salvo as exceções legais expressas (CPC/73, art. 28; CDC, art. 88). 4. Recurso especial provido". (REsp 1047109/RS, 4. T., Rel. Min. Raul Araújo, j. 02/02/2017, DJe 14/02/2017)".

não teria o condão de extinguir a pretensão de regresso, a qual poderia ser deduzida em processo autônomo.

Sobre o tema, Sydney Sanches, em prestigiada tese de doutorado defendida no Largo do São Francisco em 02.12.1983, já oferecia as coordenadas que, anos após, iriam nortear a atividade de nossas Cortes. Asseverou o professor que: "Na hipótese do inciso I do art. 70 do CPC de 1973, o ônus de denunciar a lide acarreta à parte, que o desatende, a perda do direito material resultante da evicção, nos termos, ainda, do art. 1.116 do CC. Nas hipóteses dos incisos II e III, o descumprimento do ônus não implica a perda do direito à ação autônoma e menos ainda do direito material de indenização ou de regresso; a omissão apenas impede a formação, desde logo, nos mesmos autos, de título executivo contra o terceiro (art. 76) e sujeita o omisso aos riscos integrais de uma ação autônoma, em que amplamente se poderá discutir toda a matéria de fato ou de direito relacionada (inclusive) ao mérito, ventilada, ou não, bem ou mal explorada na ação originária".[88]

Com o passar dos anos, o Superior Tribunal de Justiça definiu a jurisprudência, na linha de que em todas as hipóteses previstas no art. 70, CPC/73, a denunciação não seria obrigatória. Por ilustração, o seguinte trecho elucidativo voto do Ministro Luis Felipe Salomão: "O exercício do direito oriundo da evicção independe da denunciação da lide ao alienante na ação em que terceiro reivindica a coisa, sendo certo que tal omissão apenas acarretará para o réu a perda da pretensão regressiva, privando-lhe da imediata obtenção do título executivo contra o obrigado regressivamente, restando-lhe, ainda, o ajuizamento de demanda autônoma. Ademais, no caso, o adquirente não integrou a relação jurídico-processual que culminou na decisão de ineficácia da alienação, haja vista se tratar de executivo fiscal, razão pela qual não houve o descumprimento da cláusula contratual que previu o chamamento da recorrente ao processo".[89]

A discussão ganhou novo fôlego, quando do surgimento do Código Civil de 2002, o qual, de forma equivocada na nossa visão, previa em seu art. 456 que "para poder exercitar o direito que da evicção lhe resulta, o adquirente notificará do litígio o alienante imediato, ou qualquer dos anteriores, quando e como lhe determinarem as leis do processo". Felizmente, em 2015, esta norma foi revogada pela Lei nº 13.105.

---

[88] Denunciação da lide, *RePro*, 34/50.
[89] REsp 1332112/GO, 4. T., Rel. Min. Luis Felipe Salomão, j. 21.03.2013. DJe 17/04/2013.

Acolheu-se, assim, a oportuna crítica de Fredie Didier Junior: "O *caput* do art. 70 do CPC afirma que a denunciação da lide é obrigatória. O que significa isso? Inicialmente, para responder essa pergunta, levantemos algumas premissas. Não se pode falar de obrigatoriedade, ao menos em sentido técnico. Eis a primeira premissa. A denunciação é exercício de direito de ação, portanto não é um dever: não há um dever de exercitar o direito de ação. É, na verdade, um ônus processual: conquanto diga a lei que a denunciação da lide é obrigatória, na verdade ela é facultativa. Trata-se de ônus absoluto, caracterizado como encargo atribuído à parte e jamais uma obrigação. Ônus, segundo, Goldschmidt, são imperativos do próprio interesse, ou seja, encargos sem cujo desempenho o sujeito se põe em situação de desvantagem perante o direito. Ônus processuais são normalmente endereçados às partes (a) para que determinados atos se realizem ou (b) para que algum ato realizado possa ter eficácia. E, sendo ônus, qual a consequência do seu não exercício? Indiscutivelmente, haverá o prejuízo de não se aproveitar do mesmo processo para o ajuizamento da demanda regressiva. As duvidas mais significativas, porém, são outras: perde o possível denunciante o direito de regresso, acaso não promova a denunciação da lide? É "obrigatória" a denunciação da lide para o exercício do direito de regresso? O direito de regresso somente pode ser exercido por denunciação da lide?" [90]

A finalização dessa marcha histórica ocorreu com a edição do CPC/2015, o qual previu de forma expressa a facultatividade da denunciação, no parágrafo único do art. 125, que assim reza: "o direito regressivo será exercido por ação autônoma quando a denunciação da lide for indeferida, deixar de ser promovida ou não for permitida".

3.3. Análise das hipóteses legais de denunciação da lide

O art. 125 afirma a admissibilidade da denunciação da lide, diante de alegada evicção e direito de regresso.[91] Historicamente, o

---

[90] A denunciação da lide e o art. 456 do Novo CC: a denunciação per saltum e a obrigatoriedade. In: *O Terceiro no Processo Civil Brasileiro e Assuntos Correlatos*. Oo. cit., p. 263.

[91] Art. 125, CPC/2015: "É admissível a denunciação da lide, promovida por qualquer das partes: I – ao alienante imediato, no processo relativo à coisa cujo domínio foi transferido ao denunciante, a fim de que possa exercer os direitos que da evicção lhe resultam; II – àquele que estiver obrigado, por lei ou pelo contrato, a indenizar, em ação regressiva, o prejuízo de quem for vencido no processo".

direito reconhece a evicção quando o adquirente, em razão de sentença judicial, perde a propriedade ou posse da coisa. No latim, *evictio* significa recuperação judicial da coisa. Como assinalava Orlando Gomes, "a proteção do adquirente dos riscos da evicção, portanto, engloba a garantia da transferência regular e, num segundo momento, assegura-lhe a restituição do preço acrescida de indenização, caso o bem seja perdido na disputa judicial".[92]

Contemporaneamente, entretanto, para efeito de cabimento da denunciação, a doutrina e a jurisprudência admitem que qualquer ato do Estado que possa privar o adquirente do bem negociado caracteriza a evicção. Por ilustração, um ato de autoridade administrativa pode cumprir o papel de uma sentença (p. ex. alfândega, autoridade sanitária, fiscalização de trânsito, polícia, etc.)[93]

No regramento do Código Civil, o alienante responde pela evicção nos contratos onerosos, permitindo a lei que a garantia seja reforçada, diminuída ou mesmo excluída, desde que cabalmente cientificado o adquirente dos riscos a que está exposto (assunção de um risco específico e não genérico, *ex vi* arts. 447 e 448, CC).

Do reconhecimento da evicção, surge ao evicto o direito à restituição do preço do bem, calculado à época da evicção, além de eventuais indenizações (frutos que tiver sido obrigado a restituir, indenização pelas despesas dos contratos, pelos prejuízos que diretamente dela resultarem, das custas judiciais e dos honorários advocatícios contratados, por exemplo).

Com o ingresso do alienante à lide, objetiva-se que esse comprove a regularidade do negócio jurídico que o ligou ao demandado, evitando, assim, que sobrevenha sentença de procedência. Denunciante e denunciado, dessa forma, somam todos os seus esforços para convencer o órgão judicial de que nenhum direito assiste ao autor. Parte-se do pressuposto de que ninguém melhor que o alienante (que ofereceu a coisa ao adquirente – ora denunciante) para atestar a idoneidade da avença.

---

[92] *Contratos*, 18. ed. Rio de Janeiro: Forense, 1998. p. 97.

[93] Exemplificativamente: "Evicção. Apreensão de veículo pela autoridade administrativa. Precedentes da Corte. 1. Precedentes da Corte assentaram que a 'existência de boa-fé, diante dos termos do art. 1.107 do Código Civil, não afasta a responsabilidade pelo fato de ter sido o veículo negociado apreendido pela autoridade administrativa, não sendo exigível prévia sentença judicial'. 2. Recurso especial não conhecido". (STJ, 3ª Turma, Rel. Min. Carlos Alberto Menezes Direito, DJ: 08.03.2000, p. 104). No mesmo sentido: "Evicção. Ato administrativo. Apreensão policial. O vendedor responde pela perda do bem apreendido por ato administrativo da autoridade policial." (STJ, 4ª Turma, Rel. Min. Ruy Rosado de Aguiar Júnior, Recurso Especial nº 62.575/MG, DJ: 16/10/1995, p. 34.669) Ainda, RESP 129427/MG, RESP 100928/RS, RESP 58232/SP, RESP 51771/PR.

A segunda hipótese de cabimento da denunciação da lide é ampla e, a rigor, inclusive compreenderia a primeira. Admite-se a denunciação, quando o terceiro estiver comprometido, pela lei ou pela vontade, a indenizar o réu em ação regressiva em caso de procedência da ação.

Sobre a origem dessa previsão, anotava o professor Cândido Rangel Dinamarco que o inciso surgiu a partir da necessidade dos segurados encontrarem um meio processual para responsabilizar as seguradoras, fazendo valer os benefícios dos contratos com elas celebrados.[94]

Contudo, com base na textura ampla do dispositivo, que se refere à lei ou ao contrato, a jurisprudência foi ampliando as hipóteses de cabimento da denunciação. São exemplos dessa exegese litígios oriundos de acidentes de trânsito (divisão da responsabilidade entre o proprietário e o motorista), ilícitos praticados pela imprensa (discussão acerca da responsabilidade de empresas e jornalistas), a responsabilidade do endossatário-mandatário perante o endossante-mandante, do servidor perante o Estado, etc.

A denunciação formulada com fundamento no inciso III por regra acarreta a ampliação do objeto litigioso, o qual na verdade transforma-se em dois: um na demanda originária e outro distinto, na denunciação. No entanto, a jurisprudência criou "pequeno-imenso" óbice para o manejo do instituto: a suposta vedação de "introdução de fundamentos novos".[95]

Desde a primeira edição da obra, criticávamos essa orientação restritiva da jurisprudência, afinal a denunciação da lide, na quase totalidade dos casos, irá introduzir um fundamento novo no processo, necessário para avaliar o direito de regresso invocado. Essa

---

[94] Explica o professor paulista: "o inc. III do art. 70 veio à ordem positiva brasileira num quadro de pressões em que inúmeras vezes era feito o chamamento à autoria fundado na garantia imprópria. Isso acontecia principalmente da parte de segurados, que, demandados em juízo, queriam chamar à autoria a empresa seguradora, com quem mantinham contrato. Tais investidas eram em princípio rechaçadas pelos tribunais, mas preponderava a impressão de que seria conveniente criar mecanismos legais para sua acolhida. Sentiu o legislador a utilidade de abreviar a responsabilidade das seguradoras ou de outros que de algum modo tivessem a obrigação de oferecer garantia de qualquer ordem à parte. Daí a implantação da hipótese descrita no inc. III do art. 70, de redação intencionalmente ampla e destinada a ter vasta abrangência, para maior efetividade do instituto e da tutela jurisdicional que mediante ele se possa obter". In: *Intervenção de Terceiros*, p. 179-180.

[95] Por ilustração: "agravo de instrumento. Ação de reparação de danos decorrentes de acidente de trânsito. Pedido de denunciação da lide do município de seara. Intervenção indeferida. Ausência de previsão legal ou contratual. Impossibilidade de introdução de fundamento novo à causa. Eventual direito de regresso a ser exercido em ação própria. Decisão mantida. Recurso desprovido". (TJSC, Agravo de Instrumento n. 2009.041533-2, de Seara, rel. Des. Jorge Luis Costa Beber, Câmara Especial Regional de Chapecó, j. 12-07-2011).

situação, de perplexidade, fora bem apanhada por Cândido Dinamarco, que se manifestava contrário à tese restritiva.[96]

Com razão, deve ser interpretada com muitos grãos de sal a orientação que veda a denunciação da lide quando há introdução de nova matéria fática. É importante que, antes de seu indeferimento, seja analisado se essa postura irá ensejar dilação probatória específica, acarretando, por conseguinte, demora inesperada ao processo. Por isso, antes de deferir a denunciação formulada, deveria o magistrado analisar quais efeitos que a mesma trará ao processo.

No ponto, nota-se, como sói acontecer em todo processo judicial, uma certa tensão entre duas pretensões abstratamente legítimas, mas que, no caso concreto, podem entrar em rota de colisão. De um lado, encontra-se o réu, o qual, em caso de improcedência da demanda, sentir-se-ia mais tranquilo caso seu direito de regresso fosse reconhecido simultaneamente. De outro, o autor (supostamente lesado), que conserva o direito de receber uma prestação jurisdicional tempestiva. Segurança e celeridade são os direitos que entram em cena.

Defendemos que a solução seja ponderar, no caso concreto, qual dos dois interesses merece tutela imediata, mediante criteriosa análise globalizada, inclusive acerca do risco de insolvência do denunciante. Cumprirá, assim, ao interessado demonstrar que a denunciação não irá atrapalhar a marcha normal do processo. Nessa hipótese, se deferida a denunciação, duas relações de direito material serão resolvidas em idêntica sentença, colaborando com a economia processual e a efetividade.

---

[96] Para Cândido Dinamarco: "A mais profunda das polêmicas que o inciso III suscitou é a da admissibilidade ou inadmissibilidade da denunciação da lide quando esta inserir no processo novas questões que ampliem o objeto do conhecimento do juiz, ocasionando demoras na instrução. Impressionados com conhecidíssima posição doutrinária (Vicente Greco Filho), os tribunais brasileiros passaram a rejeitar a litisdenunciação quando isso acontece, mas sem razão. A tese da inadmissibilidade apoia-se em conceitos e distinções vigentes no direito italiano, que no Brasil inexistem – especialmente na distinção entre garantia própria e imprópria. Na Itália, em caso de garantia própria, a parte tem a faculdade de fazer a chiamata in garanzia (equivalente da litisdenunciação brasileira) e, quando a garantia for imprópria, ela dispõe do intervento coatto, que produz efeitos análogos ao daquela. No Brasil, em que inexiste essa segunda modalidade, a distinção proposta deixaria a parte sem qualquer possibilidade de trazer o terceiro ao processo. O resultado, sumamente injusto, consistiria em privar a parte dos benefícios da litisdenunciação, a saber: ela necessitaria de propor depois a sua demanda pelo ressarcimento, com o risco de voltar a sucumbir em face do garante. A tese restritiva parte do falso pressuposto de que todo o processo seja realizado para satisfazer o autor a todo custo, sem considerar que também o réu pode ser titular do direito à alguma tutela jurisdicional, tal é o vício metodológico do processo civil do autor que precisa ser extirpado da mentalidade dos operadores do processo (supra, n. 39). Felizmente, os tribunais já não se posicionam tão firmemente em prol dessa tese restritiva. Obviamente, quando a denunciação da lide for abusiva e revelar o propósito de tumultuar o processo e com isso alongar-lhe a duração, por esse motivo ela deve ser repelida (CPC, art. 125, II e III)". In: *Instituições de Direito Processual Civil*, v. II, p. 404.

Portanto, não é a mera introdução de fato ou fundamento novo que impede o manuseio da denunciação, mas sim os efeitos concretos que esse comportamento acarretará ao processado. Novamente, ao analisar seu cabimento, o órgão judicial deverá motivar seu provimento à luz dos princípios maiores da ordem processual: segurança e efetividade, preservando, na medida das contingências do caso, seu núcleo essencial, para garantir a isonomia das partes.

Em interessante precedente, valendo-se de lição doutrinária de Athos Carneiro, o Min. Luis Felipe Salomão ponderou que o "'fundamento' da denunciação nunca será o mesmo "fundamento" da ação; destarte, melhor seria referência à 'matéria nova', não vinculada diretamente aos thema decidendum objeto da cognição" e que, portanto, dependerá de uma instrução probatória específica.[97] É justamente essa instrução probatória específica que coloca em xeque a celeridade do processo e não a introdução de "fundamento novo". Por isso, deve o juiz de primeiro grau analisar a admissibilidade da denunciação, tendo em mira o seu reflexo na instrução probatória, antes de simplesmente indeferir o pedido pela introdução de fundamento novo.

Contudo, o tema ainda é delicado no STJ, no qual se encontram os seguintes julgados: "a denunciação da lide, baseada no art. 70, III, do CPC/73, restringe-se às ações de garantia, isto é, àquelas em que se discute a obrigação legal ou contratual do denunciado em garantir o resultado da demanda, indenizando o garantido em caso de derrota"; "Consoante jurisprudência consolidada nesta Corte Superior, não é admissível a denunciação da lide embasada no art. 70, III, do CPC quando introduzir fundamento novo à causa, estranho ao processo principal, apto a provocar uma lide paralela, a exigir ampla dilação probatória, o que tumultuaria a lide originária, indo de encontro aos princípios da celeridade e economia processuais, os quais esta modalidade de intervenção de terceiros busca atender".[98]

3.4. Da denunciação da lide pelo Estado do funcionário causador do dano

Frequentemente nas Cortes, discute-se a conveniência de se admitir a denunciação da lide do funcionário apontado como responsável pelo dano, em ações cujo polo passivo é ocupado pelo Estado.

---

[97] REsp 1141006/SP, 4. T., Rel. Min. Luis Felipe Salomão, j. 06.10.2009. DJe 19.10.2009.
[98] REsp 1635636/ES, 3. T., Rel. Min. Nancy Andrighi, j. 21/03/2017, DJe 24/03/2017.

O problema pode ser colocado a partir do que dispõe o art. 37, § 6º, da Constituição Federal: "as pessoas de direito público e as de direito privado prestadoras de serviços públicos responderão pelos danos que seus agentes, nessa qualidade, causarem a terceiros, assegurado o direito de regresso contra o responsável nos casos de dolo ou culpa".[99]

De um lado, argumenta-se que é conveniente ao Estado chamar desde logo o servidor causador do dano, a fim de que a sentença defina ambas as relações de direito material oriundas do episódio da vida discutido.[100] Os pressupostos de procedência da lide principal seriam distintos da lide acessória, uma vez que o Estado responde objetivamente pelos danos ocasionados aos particulares, porém o seu direito de regresso dependeria da demonstração de dolo ou culpa do agente.[101]

De outro, afirma-se que não existe necessidade de denunciação da lide em matéria de responsabilidade civil objetiva do Estado.[102] Com base nessa premissa, é prestigiada na jurisprudência a orientação de que o magistrado deverá ponderar se a sua admissão, nessa situação específica envolvendo responsabilidade civil do Estado e o exercício de direito de regresso, afetará os princípios da economia e da celeridade na prestação jurisdicional.[103]

Nota-se, portanto, a preocupação em realizar o princípio constitucional da duração razoável do processo, livrando-o de dilações indevidas, como a instrução probatória específica para aferir a

---

[99] O tema foi abordado de forma exaustiva, ainda na vigência da Constituição anterior, por EDSON MALACHINI. Responsabilidade Civil do Estado e Denunciação da lide. In: *Revista de Processo*, 41/20.

[100] É a opinião de Humberto Theodoro Junior: "há quem, na doutrina e na jurisprudência, defenda a tese de que não pode haver denunciação da lide nas ações de responsabilidade civil contra o Estado, porque este responde objetivamente, e o direito regressivo contra o funcionário depende do elemento subjetivo de culpa. A denunciação, na hipótese, para que o Estado exercite a ação regressiva contra o funcionário faltoso, realmente não é obrigatória. Mas, uma vez exercitada, não pode ser recusada pelo juiz." *Curso de Direito Processual Civil*, p. 112.

[101] Nesse sentido: "ADMINISTRATIVO – RESPONSABILIDADE CIVIL DO ESTADO – DANO CAUSADO A TERCEIROS – TEORIA DO RISCO ADMINISTRATIVO – INDENIZAÇÃO – DIREITO DE REGRESSO – DENUNCIAÇÃO À LIDE – POSSIBILIDADE. Adotou o direito brasileiro, em sede de responsabilidade civil do Estado, a teoria do risco administrativo, com a possibilidade de o Estado, após indenizar os lesados, acionar regressivamente o agente causador do dano, em caso de dolo ou culpa deste. É com base no princípio da economia processual que se admite a denunciação à lide do servidor público culpado. Recurso provido". REsp 236.837/RS, 1. T., Rel. Min. Garcia Vieira, j. 03.02.2000. DJ 08.03.2000, p. 87)

[102] REsp 1177136/RS, 2. T., Rel. Min. Mauro Campbell Marques, j. 19.06.2012. DJe 27.06.2012.

[103] EREsp 313.886/RN, 1. S., Rel. Min. Eliana Calmon, j. 26.02.2004. DJ 22.03.2004, p. 188.

procedência da denunciação.[104] Por isso, o eventual indeferimento da denunciação por parte do Estado deve, necessariamente, considerar e justificar os efeitos que o seu deferimento ocasionará ao processo.

O juízo natural para essas situações é o de primeiro grau, admitindo-se, por força do art. 1.015, o cabimento do Agravo para a revisão, pelos Tribunais, dessas decisões. Dificilmente, o acerto ou equívoco desses pronunciamentos será revisto pelos Tribunais Superiores, quer por esbarrar no teor da Súmula 07/STJ (ínsite necessidade de revolvimento da matéria fática), quer pelo fato de que, caso reformada a decisão através de recurso especial ou extraordinário, haverá a necessidade de serem anulados e repetidos muitos atos processuais, o que geraria – fora de qualquer dúvida – prejuízo à tempestividade da tutela jurisdicional.

Nada impede, entretanto, que as Cortes de Brasília editem acórdãos paradigmas sobre o tema, para guiar a atuação dos Tribunais Inferiores em casos futuros, como é feito diuturnamente em todos os temas jurídicos.

3.5. Análise do procedimento da denunciação da lide

O direito brasileiro oferece a denunciação da lide ao autor e ao réu. Nada impede, inclusive, que um litisconsorte denuncie outro, desde que invocado o direito de regresso.

O ideal, em atenção ao princípio constitucional do contraditório, seria veicular a denunciação da lide através de petição autônoma, nela estampando as partes, a causa de pedir e o pedido regressivo. Contudo, a sua inclusão na peça portal ou na contestação deve ser

---

[104] Interessante julgado do STJ: "RECURSO ESPECIAL. ADMINISTRATIVO. RESPONSABILIDADE CIVIL OBJETIVA DO ESTADO. MORTE DECORRENTE DE ERRO MÉDICO. DENUNCIAÇÃO À LIDE. NÃO OBRIGATORIEDADE. RECURSO DESPROVIDO. 1. Nas ações de indenização fundadas na responsabilidade civil objetiva do Estado (CF/88, art. 37, § 6º), não é obrigatória a denunciação à lide do agente supostamente responsável pelo ato lesivo (CPC, art. 70, III). 2. A denunciação à lide do servidor público nos casos de indenização fundada na responsabilidade objetiva do Estado não deve ser considerada como obrigatória, pois impõe ao autor manifesto prejuízo à celeridade na prestação jurisdicional. Haveria em um mesmo processo, além da discussão sobre a responsabilidade objetiva referente à lide originária, a necessidade da verificação da responsabilidade subjetiva entre o ente público e o agente causador do dano, a qual é desnecessária e irrelevante para o eventual ressarcimento do particular. Ademais, o direito de regresso do ente público em relação ao servidor, nos casos de dolo ou culpa, é assegurado no art. 37, § 6º, da Constituição Federal, o qual permanece inalterado ainda que inadmitida a denunciação da lide. 3. Recurso especial desprovido". (REsp 1089955/RJ, 1. T., Rel. Min. Denise Arruda, j. 03.11.2009. DJe 24/11/2009.

tolerada, desde que satisfaça os requisitos acima apontados. É, aliás, uma praxe em muitos dos Estados da Federação.

Em qualquer caso, realiza o magistrado o controle de sua admissibilidade.[105] O ideal, em sinal de prestígio ao princípio do contraditório, seria que a decisão fosse proferida após a oitiva do litisdenunciado. Contudo, na prática, é frequente o indeferimento da medida de plano, sob o fundamento de oferecer maior celeridade ao processo. Esta é uma postura que, na nossa visão, não alcança o efeito pretendido, pois em geral o indeferimento da denunciação motiva a interposição de agravo de instrumento pelo denunciante, de sorte que a marcha do processo é perturbada.

Quando requerida pelo autor (na petição inicial, cf. art. 126) e deferida pelo juízo, três podem ser as consequências. Ou o denunciado comparece e integra o polo ativo da demanda, podendo, inclusive, aditar a petição inicial, agregando argumentos (art. 127). Ou permanece em silêncio, deixando o processo correr entre autor e demandado, vinculando-se – todavia – à sentença que será proferida e podendo intervir nos atos processuais. Ou, ainda, nega sua condição, hipótese na qual haverá uma "lide paralela". Em qualquer dessas situações, após o regular contraditório, será proferida sentença resolvendo essa relação jurídica.

Não é um fenômeno corriqueiro a denunciação realizada pelo autor. O mais frequente é que a medida seja postulada pelo réu, hipótese na qual incidirá o art. 128, CPC:

Art. 128. Feita a denunciação pelo réu:

I – se o denunciado contestar o pedido formulado pelo autor, o processo prosseguirá tendo, na ação principal, em litisconsórcio, denunciante e denunciado;

II – se o denunciado for revel, o denunciante pode deixar de prosseguir com sua defesa, eventualmente oferecida, e abster-se de recorrer, restringindo sua atuação à ação regressiva;

III – se o denunciado confessar os fatos alegados pelo autor na ação principal, o denunciante poderá prosseguir com sua defesa ou, aderindo a tal reconhecimento, pedir apenas a procedência da ação de regresso.

Parágrafo único. Procedente o pedido da ação principal, pode o autor, se for o caso, requerer o cumprimento da sentença também contra o denunciado, nos limites da condenação deste na ação regressiva.

---

[105] Nesse sentido, destacam Daniel Mitidiero, Sérgio Cruz Arenhart e Luiz Guiherme Marinoni que "o juiz pode controlar de ofício o cabimento da denunciação da lide. Eventual indeferimento constitui decisão interlocutória, cabendo o recurso de agravo de instrumento (art. 1.015, IX, CPC". *Novo Código de Processo Civil Comentado*, São Paulo: RT, 2015. p. 203.

A principal inovação no ponto reside no primeiro inciso, que busca superar histórica divergência doutrinária e jurisprudencial quanto à posição do "litisconsorte" ocupada pelo denunciado. A grande questão, deixada em aberto em muitas das décadas de vigência do CPC/73, era a seguinte: poderia a sentença condenar diretamente o litisdenunciado a indenizar o autor, o qual na petição inicial não formulava tal pedido? Tratar-se-ia de uma sentença *ultra petita*, vedada pelo sistema?

O tema será discutido no próximo tópico.

3.6. Da formação do litisconsórcio passivo e a admissibilidade da condenação direta do litisdenunciado

Como referido, ao longo dos mais de 40 anos de vigência do CPC/73, havia intenso debate quanto à posição ocupada pelo litisdenunciado. Autores da melhor cepa, afirmavam que a participação do denunciado frente ao denunciante, quando aceita a medida, deveria ser equiparada a uma assistência simples, tendo em vista que inexistiria relação de direito material entre denunciado e adversário do denunciante.[106] No cotidiano forense, efetivamente, é comum visualizar a "soma de esforços" entre o denunciante e o denunciado para vencer a demanda. Paralelamente, a jurisprudência majoritária até a década de 1990 não admitia a condenação direta do litisdenunciado.[107] Eram, certamente, ponderáveis as observações de autores como Sérgio Cavalieri Filho, ao assinalar que "a vítima nada pode exigir do segurador, porque não tem com ele nenhuma relação jurídica. Não é parte do contrato de seguro, nem é o seu beneficiário.

---

[106] Por ilustração: Cândido Dinamarco afirma: "como denúncia da lide, ou seja, ato pelo qual o autor ou o réu provoca a integração do terceiro no processo com o objetivo de vinculá-lo ao julgamento da causa inicial, a denunciação da lide coloca-o na condição de assistente do denunciante. Inadequadamente, insinua o Código de Processo Civil uma falsa condição de litisconsorte, o que faz ao proclamar que 'feita a denunciação pelo autor, o denunciado, comparecendo, assumirá a posição de litisconsorte do denunciante' (art. 74) e que, quando feita pelo réu, 'se o denunciado aceitar e contestar o pedido, o processo prosseguirá entre o autor, de um lado, e, de outro, como litisconsortes, o denunciante e o denunciado'. (art. 75, inc. I). É impróprio falar em litisconsórcio, em casos como este, porque a mera denúncia da lide não amplia o objeto do processo e não põe o denunciado na condição de autor ou de réu em relação à demanda pendente. Feita pelo réu, como é mais frequente (embora possa sê-lo também pelo autor) o terceiro não é colocado como réu também, nem se põe em posição de poder ser condenado em favor do autor inicial do processo. Isso seria ser um verdadeiro litisconsórcio". *Intervenção de Terceiros*, 3. ed. São Paulo: Malheiros, 2002. p. 145.

[107] REsp 6.793/CE, 4. T., Rel. Min. Barros Monteiro, j. 18.06.1991. DJ 05.08.1991, p. 10008.

A relação da vítima é com o causador do dano, fundada na responsabilidade extracontratual, ato ilícito (art. 186 do Código Civil), e não no contrato de seguro. Apenas o segurado é que terá ação contra o segurador para ser ressarcido, até o limite do contrato, por aquilo que tiver indenizado à vítima".[108]

A partir da década de 1990, a discussão ganhou atualidade com a decisão proferida no Recurso Especial nº 23.102/RS, o qual admitiu, de forma inovadora, a condenação direta em um caso peculiar, acerca de um acidente de trânsito com muitas pessoas envolvidas.[109] Houve sucessivas denunciações, tendo sido constada a responsabilidade de determinado condutor. A Corte chancelou o raciocínio do Tribunal Inferior, externado no voto do então Des. Mário Armando Bianchi: "Certo de que, em caso de denúncia da lide, há duas ações: a primeira do autor contra o réu e a segunda do réu contra o denunciado, sendo que esta tem caráter regressivo. Assim, dentro da sistemática processual do denunciado, só poderá ser condenado na ação regressiva, se houver condenação do denunciante na primeira ação. Se não há condenação do denunciante não pode haver a do denunciado. Essa a interpretação ortodoxa da lei. A jurisprudência, entretanto, cada vez em maior frequência, em casos excepcionais, vem admitindo a condenação direta do denunciado, quando provado que a culpa pelo dado do denunciado e não do denunciante. Isso ocorre, principalmente, em casos análogos ao presente, em que ocorrem múltiplos e sucessivos abalroamentos. A tese de que o causador direto do dano é o responsável pela indenização não pode ser aceita indiscriminadamente. A condenação do causador direto do dano só tem cabimento quando, de alguma forma, concorrer com culpa para o evento. Se provado que o dano ocorreu por culpa exclusiva de terceiro não há porque condenar aquele, para que depois, em ação regressiva, busque o reembolso junto ao evento danoso, com o risco de arcar com todo o prejuízo, se o verdadeiro culpado não tem com quê indenizar. A solução dentro dos restritos termos da lei processual seria julgar-se improcedente a ação e a denunciação, devendo o autor mover outra ação contra o terceiro culpado. Dentro do princípio mais ortodoxo, nula seria a sentença que, ao reconhecer inexistir culpa por

---

[108] *Programa de Responsabilidade Civil*, 4. ed. São Paulo: Malheiros, 2003. p. 446.
[109] "PROCESSUAL CIVIL. DENUNCIAÇÃO DA LIDE. CONDENAÇÃO DIRETA DO LITISDENUNCIADO. CONTESTANDO AÇÃO O LITISDENUNCIADO ASSUME A POSIÇÃO DE LITISCONSORTE DO DENUNCIANTE E PODE SER DIRETAMENTE CONDENADO, TANTO QUE RECONHECIDA A SUA EXCLUSIVA RESPONSABILIDADE". REsp 23.102/RS, 3. T., Rel. Min. Nilson Naves, Rel. p/ Acórdão Min. Dias Trindade, j. 09.03.1993. DJ 05.04.1993, p. 5837.

parte do réu da ação principal, condena diretamente o denunciado comprovadamente culpado pelo evento danoso. A corrente mais liberal da jurisprudência, entretanto, tem entendido que as nulidades só devem ser proclamadas se verificado prejuízo para qualquer das partes. Entende-se que, no caso, não houve prejuízo para o apelante, já que teve oportunidade de se defender, e o fez amplamente. Então, se o denunciado se defendeu com a mesma amplitude que faria numa ação direta, não se vê razão para anular a sentença. Os formalismos processuais têm por objetivo garantir às partes de que não resultarão prejudicadas. Se a inobservância de determinada formalidade não prejudicou as partes, atingindo a ação seu objetivo, não se vê razão para se proclamar a nulidade do ato processual". A argumentação foi aceita pelo Superior Tribunal de Justiça, nos votos dos Ministros Athos Carneiro, Dias Trindade e Waldemar Zweiter. Vencidos os Ministros Nilson Naves e Cláudio Santos.

A partir do Recurso Especial de n° 97.590/RS (15/10/96), admitiu-se a execução da sentença diretamente contra a seguradora litisdenunciada, uma vez que a empresa que figurara como ré no processo de conhecimento veio a ser extinta.[110] O Ministro Ruy Rosado de Aguiar Júnior, no voto condutor, bem expressou sua preocupação "sempre me pareceu que o instituto da denunciação da lide, para servir de instrumento eficaz à melhor prestação jurisdicional, deveria permitir ao juiz proferir sentença favorável ao autor, quando fosse o caso, também e diretamente contra o denunciado, pois afinal ele ocupa a posição de litisconsorte do denunciante. Assim, nas ações em que o réu alega sua ilegitimidade passiva e denuncia a lide ao verdadeiro responsável, como acontece na ação de acidente de trânsito, proposta contra o primitivo proprietário; igualmente, nas ações ordinárias de indenização, com a condenação do réu à reparação dos danos, a procedência da denunciação da lide à seguradora deveria permitir ao credor a execução direta também contra a seguradora, no limite de sua responsabilidade reconhecida".

O precedente ganhou a simpatia da doutrina civilista, a qual visualizou uma oportunidade de realizar princípios importantes, como a função social do contrato, a boa fé e a própria solidariedade social. Ponderou Luis Renato Ferreira da Silva que "a fundamentação

---

[110] Íntegra da ementa: "Denunciação da lide. Seguradora. Execução da sentença. 1. A impossibilidade de ser executada a sentença de procedência da ação de indenização contra a devedora, porque extinta a empresa, permite a execução diretamente contra a seguradora, que figurara no feito como denunciada a lide, onde assumira a posição de litisconsorte. 2. Não causa ofensa ao art. 75, I, CPC, o acórdão que assim decide. Recurso não conhecido". (STJ, 4ª Turma, Rel. Min. Ruy Rosado de Aguiar, DJ: 18/11/1996, p. 44901)

poderia ser concretizada, hoje, com base na função social do contrato, na medida em que ela acaba por impor a cooperação para que o contrato atinja sua finalidade. O contrato de seguro assume relevância no mundo econômico, pois permite que se garanta a indenização mais ampla dos danos, desempenhando uma função precípua de permitir a reparação e a recomposição dos prejuízos sofridos pelas vítimas de acidentes. Se as seguradoras puderem deixar de cumprir o que se comprometeram por força da suposta ilegitimidade, estar-se-ia a validar um caráter absoluto do efeito relativo, esquecendo-se que o contrato de seguro existe, em certa medida, para que os terceiros não restem sem indenização. Ao mesmo tempo, o seguro permite que o segurado desenvolva certas atividades de risco com mais tranquilidade, o que estimula atividades produtivas para a sociedade".[111]

Avançando nessa direção, o Superior Tribunal de Justiça, quando do julgamento do Recurso Especial nº 228.840/RS, sufragou a ação direta da vítima em face da seguradora.[112] Capitaneados pelos Ministros Menezes Direito e Eduardo Ribeiro, a Corte considerou irrelevante que o contrato de seguro envolva apenas o segurado, causador do dano, que se nega a usar a cobertura do seguro, dando legitimidade para a vítima demandar diretamente também a Seguradora.

O Ministro Menezes Direito concluiu que "de fato, não parece razoável a interpretação que afasta a ação direta porque não há contrato entre a vítima e a seguradora do causador do dano. Esse argumento perde substância, a meu sentir, pela simples razão de não ser possível desconhecer que o destino do contrato de seguro é, exatamente, cobrir o ressarcimento devido à vítima de ato ilícito, praticado pelo segurado. Se o beneficiário do recurso nega-se a pagar a indenização, deixando de usar a cobertura do seguro, é razoável conferir legitimidade para que a seguradora cumpra o contrato, dando consequência ao agravo. Seria impor um retardo à prestação jurisdicional em momento histórico que reconhece o princípio da instrumentalidade do processo. No presente caso, há, ainda, a revelar o

---

[111] A função social do contrato no novo Código Civil e sua conexão com a solidariedade social, p. 142. In: *A Constituição e o Novo Código Civil*. Ingo Wolfgang Sarlet (org.). Porto Alegre: Livraria do Advogado, 2003.

[112] "Recurso especial. Ação de indenização diretamente proposta contra a seguradora. Legitimidade. 1. Pode a vítima em acidente de veículos propor ação de indenização diretamente, também, contra a seguradora, sendo irrelevante que o contrato envolva, apenas, o segurado, causador do acidente, que se nega a usar a cobertura do seguro. 2. Recurso especial não conhecido". REsp 228.840/RS, Rel. Min. Ari Pargendler, Rel. para acórdão, Min. Carlos Alberto Menezes Direito, DJ: 04/09/2000, p. 150.

fato de a ação ter sido ajuizada não apenas contra a seguradora, mas, também, contra o causador do dano, espancando o argumento de que a ação direta não ensejaria a prova de culpa deste, conquanto, na minha compreensão, a ausência não desqualificaria a legitimidade passiva da seguradora". O voto foi secundado pela doutrina de Caio Mário e Aguiar Dias.

Desde a primeira edição (e em artigo específico sobre o tema, elaborado quando a matéria ainda era polêmica nas Cortes[113]), defendíamos que a condenação direta do litisdenunciado era a solução que melhor ponderava os diversos interesses dos envolvidos. Tratar-se-ia, em nossa visão, de uma "intervenção litisconsorcial", justificada à luz do direito material pelos princípios da função social (proteção das vítimas[114]) e da boa-fé (ausência de expectativa legítima da seguradora em não honrar a indenização em face da insolvência de seu segurado em relação à vítima, o que obstaculizava noutro momento histórico a execução do regresso. Como pondera Judith Martins-Costa a boa-fé é um "mandamento imposto ao juiz de não permitir que o contrato, como regulação objetiva, dotado de um específico sentido, atinja finalidade oposta ou contrária àquela que, razoavelmente, à vista de seu escopo econômico-social, seria lícito esperar".[115]

Já no final da vigência do CPC/73, na década de 2010, o Superior Tribunal de Justiça consolidou dois entendimentos: (a) "Em ação de reparação de danos movida em face do segurado, a Seguradora denunciada pode ser condenada direta e solidariamente junto com este a pagar a indenização devida à vítima, nos limites contratados na apólice";[116] (b) "no seguro de responsabilidade civil facultativo a obrigação da Seguradora de ressarcir danos sofridos por terceiros pressupõe a responsabilidade civil do segurado, a qual, de regra, não poderá ser reconhecida em demanda na qual este não interveio, sob pena de vulneração do devido processo legal e da ampla defesa".[117]

Os julgamentos acima deram azo à criação da "Súmula 537" (2015), com o seguinte teor: "em ação de reparação de danos, a seguradora denunciada, se aceitar a denunciação ou contestar o pedido

---

[113] Novas Reflexões sobre a Condenação Direta do Litisdenunciado. In: *Instrumentos de coerção e outros temas de direito processual civil*: estudos em homenagem aos 25 anos de docência do professor Dr. Araken de Assis. TESHEINER, José Maria Rosa (coord.). Rio de Janeiro: Forense, 2007.

[114] Sobre a função social dos contratos, THEODORO JUNIOR, Humberto. *A Função Social dos Contratos*. Rio de Janeiro: Forense, 2004.

[115] *A Boa-Fé no Direito Privado*, São Paulo: RT, 2000. p. 432.

[116] REsp 925.130/SP, 2. S., Rel. Min. Luis Felipe Salomão, j. 08.02.2012. DJe 20.04.2012.

[117] REsp 962.230/RS, 2. S., Rel. Min. Luís Felipe Salomão, j. 08.02.2012. DJe 20.04.2012.

do autor, pode ser condenada, direta e solidariamente junto com o segurado, ao pagamento da indenização devida à vítima, nos limites contratados na apólice".

A previsão do CPC, dando conta da formação de litisconsórcio, sedimenta ainda mais o caminho construído a partir da década de 1990. Admite-se, portanto, a condenação, desde que exista uma relação de direito material entre o autor e o litisdenunciado, como, por exemplo, no caso do contrato de seguro.

3.7. Da sentença na denunciação da lide

Consoante o art. 129, "se o denunciante for vencido na ação principal, o juiz passará ao julgamento da denunciação da lide". Agrega o parágrafo único: "se o denunciante for vencedor, a ação de denunciação não terá o seu pedido examinado, sem prejuízo da condenação do denunciante ao pagamento das verbas de sucumbência em favor do denunciado".

Como regra, a função da sentença é definir duas relações colocadas sob apreciação, constituindo, conforme o caso, dois títulos executivos: um em favor do autor e contra o réu; outro em prol do denunciante em face do denunciado, se procedente a medida. Admite-se que o cumprimento de sentença seja requerido pelo autor em detrimento do litisdenunciado, caso exista relação de direito material entre as partes conforme antes analisado.

Desta forma, se a demanda originária for extinta ou julgada improcedente, a denunciação é tida como prejudicada. Somente haverá análise do mérito da denunciação, caso a primeira demanda seja favorável ao autor. Os dois capítulos da sentença estarão interligados.[118]

Quanto ao interesse recursal, vale destacar que o autor, mesmo com a condenação do réu, em certos casos (excepcionais), poderá apelar da sentença que julga improcedente o pedido da denunciação, a fim de garantir a futura satisfação de sua pretensão. O Superior Tribunal de Justiça inclusive registra precedente nesse sentido.[119]

---

[118] Cândido Rangel Dinamarco. *Capítulos de Sentença*. São Paulo: Malheiros, 2003.

[119] Nessa linha: "Denunciação da lide. Seguradora. Interesse da autora da ação. A autora da ação de indenização tem interesse em ver julgada procedente a denunciação da lide feita pela ré à sua Seguradora, daí a legitimidade dela, autora, para recorrer da sentença que julga improcedente a ação secundária. Recurso conhecido e provido." (Recurso Especial n° 197.741/DF, 4ª Turma, Rel. para acórdão Min. Ruy Rosado de Aguiar Júnior, DJ:19/05/2003, p. 233)

3.8. Tema delicado: a sucumbência, em especial os honorários advocatícios

Desde a primeira edição da obra, consideramos que a imposição de honorários na demanda de denunciação da lide depende fundamentalmente do comportamento do denunciado. Não tendo dado causa à denunciação, que é privativa do autor ou do réu, o denunciado pode assumir basicamente duas atitudes. Ou aceita sua condição, não opondo qualquer resistência ao alegado regresso pretendido pelo denunciante em caso de procedência da demanda anterior, ou opõe resistência à iniciativa daquele.

No primeiro caso, em que o denunciado, simplesmente, adere à defesa do denunciante perante o autor da demanda, sem a negar sua responsabilidade na hipótese de ser procedente essa, o mais correto em nossa visão seria não sujeitá-lo à sucumbência perante o denunciante, pois com ele é formado um litisconsórcio.[120] Essa solução, aparentemente, ganhou força no "NCPC", diante da expressa previsão do litisconsórcio passivo no art. 128, I. Prestigiar solução contrária, segundo o entendimento deste estudo, poderia estimular uma litigiosidade irresponsável, na medida em que os denunciados sempre criariam uma alegação, por mais fantasiosa que fosse, para não reconhecer o direito de regresso postulado.

Contudo, a situação é diversa quando o denunciante nega a sua qualidade, pois surge um litígio na demanda secundária, que será definido pelo órgão judicial. Nessas hipóteses, a condenação, quer do denunciado, quer do denunciante, é justificada em vista da causalidade que lhe serve de parâmetro. Demonstrada a existência do vínculo regressivo, cabe a condenação do denunciado frente ao denunciante. Inexistente aquele, deve o denunciante responder em face

---

[120] Por ilustração: "AGRAVO INTERNO NOS EMBARGOS DE DECLARAÇÃO NO AGRAVO EM RECURSO ESPECIAL. RESPONSABILIDADE CIVIL. ACIDENTE DE TRÂNSITO. DENUNCIAÇÃO À LIDE. ARTIGO 70, III, DO CÓDIGO DE PROCESSO CIVIL DE 1973. RESISTÊNCIA. CONDENAÇÃO. HONORÁRIOS SUCUMBENCIAIS. CABIMENTO. 1. A denunciação da lide é uma demanda secundária de natureza condenatória. Assim, havendo resistência do litisdenunciado, este deve ser condenado a arcar com o pagamento de honorários advocatícios segundo o critério do art. 20, § 3º, do CPC/1973. 2. Não cabe a denunciação quando se pretende, pura e simplesmente, transferir responsabilidades pelo evento danoso, não sendo a denunciação obrigatória nos casos do inciso III do art. 70 do Código de Processo Civil de 1973, na linha da jurisprudência da Corte. 3. Agravo interno não provido". AgInt nos EDcl no AREsp 415.782/ES, 3. T., Rel. Ministro RICARDO VILLAS BÔAS CUEVA, j. 08/11/2016, DJe 17/11/2016. No mesmo sentido: Recurso Especial 285.723/RS, STJ, 3ª Turma, Rel. para acórdão Min. Ari Pargendler, DJ:08/04/2002, p. 210.

do denunciado, afinal este com a iniciativa daquele foi obrigado a arcar com despesas (custas, honorários, etc.).[121]

Na vigência do CPC/73, formou-se na jurisprudência uma importante corrente, que preconiza limitar a condenação do litisdenunciado à sucumbência apenas nas hipóteses de "denunciação facultativa".[122] Considerando que o Novo CPC afirma que todas as denunciações são facultativas, espera-se que a jurisprudência, inclusive do STJ, formule nova orientação, pois o NCPC admite a formação de litisconsórcio a depender do comportamento do denunciado.[123]

Também em caso de denunciação da lide pelo autor, a condenação em honorários é de rigor, pois o Código de Processo, em seu art. 127, autoriza o litisdenunciado a assumir o protagonismo da causa, na qualidade de litisconsorte ativo, facultando-lhe inclusive "acrescentar novos argumentos à petição inicial". Logo, aceitando a denunciação e participando ativamente do processo, o litisdenunciado

---

[121] Assim: "Apelação Cível. Seguros. Denunciação da lide. Honorários. Isenção. Descabimento. Principio da causalidade. Apelante que denunciou a lide, de forma descabida e ate mesmo temerária, a subestipulante, parte esta que não era detentora de legitimidade para figurar no pólo passivo da intervenção de terceiro e sobre a qual ela não detinha direito de regresso. Assim agindo, a denunciante fez com que a denunciada viesse a contratar profissional para fins de ofertar defesa, devendo aquela responder pelas custas e honorários do patrono desta, tendo em vista a incidência do princípio da causalidade à espécie. Sucumbência mantida. Apelo improvido". (AC 70003135043, 5ª C.C., TJRS, Rel. Marta Borges Ortiz, j. 21/11/2002)

[122] Por exemplo: "AGRAVO REGIMENTAL NO AGRAVO EM RECURSO ESPECIAL. AÇÃO DE INDENIZAÇÃO. DENUNCIAÇÃO DA LIDE FACULTATIVA. HONORÁRIOS ADVOCATÍCIOS. SUCUMBÊNCIA. ACÓRDÃO RECORRIDO EM CONSONÂNCIA COM ORIENTAÇÃO JURISPRUDENCIAL DESTA CORTE SUPERIOR. AGRAVO IMPROVIDO. 1. Nos casos em que a denunciação da lide não é obrigatória, a jurisprudência desta Corte proclama que o litisdenunciante que chamou o denunciado à lide deve arcar com os honorários advocatícios, quando a ação principal for julgada improcedente. Precedentes. 2. Agravo regimental a que se nega provimento". (AgRg no AREsp 844.663/GO, 3. T., Rel. Min. Marco Bellizze, j. 10.05.2016. DJe 19/05/2016)

[123] Enquanto não revisada a jurisprudência, encontram-se acórdãos que se valem dos termos do CPC/73, para resolver os casos surgidos sob a sua égide: PROCESSUAL CIVIL. OMISSÃO. INEXISTÊNCIA. DENUNCIAÇÃO DA LIDE FACULTATIVA. HONORÁRIOS ADVOCATÍCIOS. SUCUMBÊNCIA. ACÓRDÃO RECORRIDO EM CONSONÂNCIA COM ORIENTAÇÃO JURISPRUDENCIAL DO STJ. 1. Na hipótese dos autos, não se configura a ofensa ao art. 1.022 do Código de Processo Civil, uma vez que o Tribunal de origem julgou integralmente a lide e solucionou a controvérsia, em conformidade com o que lhe foi apresentado, manifestando-se de forma expressa que deverão ser imputados à parte denunciante os encargos sucumbenciais, no caso em que a lide secundária for extinta sem resolução do mérito, independentemente de *in casu* haver resistência à denunciação. 2. Outrossim, extrai-se do acórdão objurgado que, nos casos em que a denunciação da lide não é obrigatória, a jurisprudência do STJ proclama que o litisdenunciante que chamou o denunciado à lide deve arcar com os honorários advocatícios quando a ação principal for julgada improcedente. 3. Recurso Especial parcialmente conhecido e nessa extensão não provido". REsp 1684447/RJ, 2. T., Rel. Min. Herman Benjamin, j. 19.09.2017. DJe 09.10.2017.

responderá diretamente frente ao réu da demanda pelos ônus da sucumbência, tudo em razão da equiparação legal ao litisconsórcio.[124]

3.9. A admissibilidade da denunciação sucessiva

É possível que o litisdenunciado também se valha da denunciação da lide para exercer pretensão regressiva em relação a terceiro. Diante da omissão do diploma processual anterior, o Código atual regulou o fenômeno. Reza o art. 125, §, 2º: "admite-se uma única denunciação sucessiva, promovida pelo denunciado, contra seu antecessor imediato na cadeia dominial ou quem seja responsável por indenizá-lo, não podendo o denunciado sucessivo promover nova denunciação, hipótese em que eventual direito de regresso será exercido por ação autônoma".

José Miguel Garcia Medina salienta a razão de ser do art. 125, § 2º: "como todo instrumento processual, a denunciação da lide é técnica que, se bem utilizada, contribui para a solução eficiente de litígios em um mesmo procedimento. A ocorrência de denunciações sucessivas, porém, pode levar a resultado oposto. Por isso, caso sejam pleiteadas denunciações sucessivamente, em grande quantidade, de modo a comprometer a rápida solução do litígio, poderá o juiz, em decisão fundamentada, limitá-las, resguardando-se o direito daquele que pretendia fazer a denunciação de fazer valer a sua pretensão em ação autônoma. Essa orientação foi incorporada, no CPC/2015, no art. 125, § 2º'".[125]

Como se observa, a lei autorizou a denunciação do "antecessor imediato na cadeira dominial" ou daquele que "seja responsável por indenizá-lo". Abre-se, assim, a possibilidade para acionar o autor do ilícito, especialmente nas ações que envolvem responsabilidade extracontratual.

---

[124] Já decidiu o STJ: "Denunciação da lide feita pelo autor. Custas e honorários advocatícios atribuídos também ao litisdenunciado. Equívoco na qualificação dada à intervenção do denunciado que não o libera dos encargos sucumbenciais. Responde também pelos ônus da sucumbência o litisdenunciado que comparece aos autos e adita a petição inicial, assumindo a posição de litisconsorte do denunciante (art. 74 do CPC). Recurso especial não conhecido". (RESP 115894/DF, STJ, 4ª Turma, Rel. Min. Barros Monteiro, DJ: 25/03/2002, p. 287)

[125] Curso de Direito Processual Civil Moderno, p. 227. São Paulo: RT, 2017.

Capítulo 4 - Do chamamento ao processo

4.1. Conceito e função do chamamento

O chamamento ao processo é uma forma de intervenção de terceiros, através da qual o demandado tem a prerrogativa de postular a citação de terceiro para integrar o polo passivo da demanda.[126] Em geral, é justificado pela existência de uma dívida comum do chamente e do chamado em relação ao credor (autor).

Com o chamamento ao processo, insere-se no processo uma nova parte, com a formação de um litisconsórcio no polo passivo. Como regra, este litisconsórcio é facultativo e simples, afinal o oferecimento da demanda originária contra apenas um dos coobrigados não apresentava qualquer vício, e a solução a ser dada à causa, em geral, pode ser distinta para cada um dos litisconsortes. Contudo, em situações excepcionais, o litisconsórcio poderá ser necessário, servindo o chamamento ao processo para corrigir o equívoco do autor. Poderá, igualmente, ser unitário, quando, por força da relação de direito material que envolve os sujeitos, o magistrado necessariamente tiver de decidir a causa de maneira uniforme.

Tradicionalmente, o escopo do instituto é a formação de título executivo judicial em prol do devedor comum que satisfaz a dívida. Muitas vezes, traduz uma providência acautelatória do demandado, em face dos efeitos gerados pela possível satisfação integral da dívida comum.

---

[126] É inviável o chamamento por parte do autor: "Agravo de instrumento. Chamamento ao Processo (art. 77 do CPC) que pretende o autor, em face de defesa ofertada em contestação pelos réus, em ação cominatória que visa obter escritura de imóvel por parte dos agravados/réus. Intervenção de terceiros privativa da parte passiva e não do autor, na forma do art. 78 do CPC, eis que tal chamamento visa verdadeira ação condenatória de futuro e condicional de ressarcimento de danos decorrente do resultado da demanda principal. Agravo interno improvido". TJRS, 19. C.C., AI 70003434289, Rel. Des. Luís Augusto Coelho Braga, j. 29.10.2002.

Não há ônus no chamamento ao processo. A sua utilização é facultativa, pois caso o réu não o faça, terá o direito de, após pagar ao credor a dívida comum, em ação própria, exigir o reembolso proporcional dos coobrigados. Perderá, nessa hipótese, apenas a vantagem processual decorrente do art. 132 do CPC, ficando sujeito, na ação regressiva posteriormente ajuizada, a que lhe sejam opostas objeções que, no plano do direito material, poderia o coobrigado apresentar contra o credor.[127]

O instituto estava previsto no CPC/73 e era utilizado no cotidiano forense. Cândido Rangel Dinamarco oferece a seguinte conceituação: "o ato com que o réu pede a integração de terceiro ao processo para que, no caso de ser julgada procedente a demanda inicial, do autor, também aquele seja condenado e a sentença valha como título executivo em face dele. Quando citado, o chamado torna-se parte no processo, na condição de litisconsorte passivo; e a condenação que lhe for imposta permitirá que sobre seu patrimônio o chamador possa realizar a execução forçada, no todo ou em parte conforme o caso (arts. 80, 584, inc. I e 568, inc. I)".[128]

Uma vez deferido o chamamento e citado o chamado, adquire a qualidade de parte, tornando-se litisconsorte do chamante. Aqui reside uma das vantagens do chamamento, pois se acredita que o chamado poderá indiretamente auxiliar o chamante, apresentando defesa de mérito e mesmo indireta.

Pondera Mário Júlio de Almeida Costa, enfocando o direito português, que "cada um dos devedores solidários poderá opor ao credor, para se eximir ao cumprimento da obrigação, os meios de defesa que pessoalmente lhe competirem ou que sejam comuns a todos (art. 514, n° 1). Mas não tem a possibilidade de valer-se de exceções pessoais dos outros condevedores. Consideram-se comuns os meios de defesa que atingem a relação obrigacional complexa, isto é, no seu todo. Exemplificando: a nulidade do contrato por vício de forma, a incapacidade do credor e a impossibilidade da prestação. Os meios de defesa pessoais caracterizam-se pela ligação individualizada aos diversos condevedores, quer dizer, respeitam a cada uma das relações simples que permitem ao credor exigir o cumprimento integral da obrigação. Contudo, os correspondentes efeitos variam em função do facto que lhes serve de base. Qualificam-se como meios de

---

[127] Prescreve o art. 132, CPC: "A sentença de procedência valerá como título executivo em favor do réu que satisfizer a dívida, a fim de que possa exigi-la, por inteiro, do devedor principal, ou, de cada um dos codevedores, a sua quota, na proporção que lhes tocar".

[128] *Instituições de Direito Processual Civil*, v. 2, p. 412.

defesa puramente pessoais os que só podem ser invocados por algum ou alguns dos condevedores solidários e apenas a esse ou a esses aproveitam, prejudicando os restantes quanto ao direito de regresso. Assim sucede, por exemplo, com a anulabilidade derivada de vício respeitante à pessoa de um dos condevedores e a não verificação da condição ou do termo que unicamente se refira a um deles. É tendo em conta situações destas que o art. 519°, n° 2, como vimos, declara que a existência de um meio de defesa pessoal de um dos devedores não impede que o credor reclame e obtenha dos outros a prestação por inteiro". [129]

Com o chamamento, os limites subjetivos da coisa julgada são ampliados, afinal, o ingresso de outras partes na demanda faculta que a sentença adquira plena autoridade sobre as esferas jurídicas desses novos litigantes, os quais ingressam no processo em seu liminar. Também o objeto de cognição do juízo pode ser sensivelmente alargado, a partir da nova matéria fática apresentada pelo chamado. O episódio da vida segue sendo o mesmo (isto é, a relação de direito material que brota da dívida comum), entretanto, outras suas particularidades são realçadas pela atividade do chamante.

Em caso de procedência da demanda originária, e da configuração dos pressupostos do chamamento, a sentença proferida terá forte carga condenatória, permitindo a sub-rogação em favor da parte que satisfizer o crédito. Por isso, o chamamento ao processo instrumentaliza o direito de regresso.

Nesse sentido, é correto afirmar que o chamamento ao processo privilegia a economia processual, ao evitar o ajuizamento de várias ações sucessivas entre os participantes da relação de crédito (coobrigados) para regrar definitivamente um mesmo episódio da vida. Costuma-se apontar, inclusive, uma "vantagem ao credor", visto que, com o ingresso do terceiro, poderá também executá-lo, e não apenas o réu primitivo.

Entretanto, ambos os benefícios (celeridade ao processo e maior satisfação ao credor) podem ser discutidos, afinal o seu deferimento implica a procrastinação do feito com a citação e a prática de atos requeridos pelo chamado. De seu turno, na medida em que o chamamento ocorre independentemente da aceitação do autor gera uma contradição no plano do direito material, pois a dívida que era solidária perde a sua principal característica: a possibilidade de ser

---

[129] *Direito das obrigações*, Coimbra: Almedina, 2000. p. 609-610.

executada integralmente em face de qualquer dos codevedores. Em razão da importância do tema, analisaremos em tópico específico.

4.2. Hipóteses de cabimento do chamamento ao processo

As hipóteses de cabimento do chamamento ao processo estão previstas no art. 130 do Código de Processo Civil. Prescreve o dispositivo legal:

Art. 130. É admissível o chamamento ao processo, requerido pelo réu:

I – do afiançado, na ação em que o fiador for réu;

II – dos demais fiadores, na ação proposta contra um ou alguns deles;

III – dos demais devedores solidários, quando o credor exigir de um ou de alguns o pagamento da dívida comum.

Da análise dos incisos, observa-se dois pressupostos para a admissão do chamamento ao processo. O primeiro deles é a demonstração de uma dívida comum (uma relação de direito material que estabeleça, perante o autor, obrigação comum entre o réu e o terceiro que venha a ser chamado). O segundo é a comprovação *in statu assertionis* de que o pagamento da dívida pelo réu original dê-lhe direito de reembolso, total ou parcial, contra o chamado. Por ilustração, admite-se que o fiador chame o afiançado, mas o contrário não é possível, pois o afiançado não possui qualquer direito de reembolso perante o fiador.

Com efeito, o primeiro permissivo legal (art. 130, I) – equivalente ao que previa o art. 77, I, CPC/73 – diz respeito à possibilidade do fiador, quando acionado pelo credor, chamar o devedor principal.[130] O contrato de fiança está regulado no Código Civil, a partir do art. 818.[131]

A doutrina civilista ensina que a fiança apenas é acionada diante do inadimplemento do devedor originário, razão pela qual a responsabilidade do fiador é, em linha de princípio, subsidiária.[132] Após o adimplemento por parte do fiador, assiste-lhe a pretensão de regresso. Como bem coloca Orlando Gomes, "se o fiador pagar a dívida,

---

[130] AC nº 70001018092, 16ª C.C., TJRS, Rel. Genacéia da Silva Alberton, j. 16/05/2001.

[131] Art. 818, CCB: "Pelo contrato de fiança, uma pessoa garante satisfazer ao credor uma obrigação assumida pelo devedor, caso este não a cumpra".

[132] Contudo, a lei brasileira admite que o devedor renuncie ao benefício de ordem, mediante cláusula contratual expressa (art. 828, I, CCB). Na prática, é um fenômeno comum, que torna o fiador solidariamente responsável pelo adimplemento.

sub-roga-se nos direitos do credor. Passa a ser credor do afiançado, investindo-se nos mesmos direitos do credor da obrigação principal, por ele cumprida. Há, portanto, simples substituição de credor. Ao fiador que paga asseguram-se as seguintes *pretensões* contra o *devedor*: a) Obter o ressarcimento de todas as perdas e danos resultantes do pagamento; b) Ser indenizado dos prejuízos sofridos em razão de fiança; c) Ser reembolsado dos juros correspondentes ao capital que desembolsou para pagar a dívida".[133]

Ou seja, em um primeiro momento responde o fiador com o seu próprio patrimônio, em razão da inadimplência do devedor. Contudo, como assinala Paulo Lobo, a "sua perda patrimonial, todavia, não é definitiva. É-lhe assegurado o direito à sub-rogação dos direitos do credor, no montante que importou o pagamento da dívida. Esse direito também é denominado direito de regresso e, no campo processual, de ação regressiva. Na sub-rogação (CC, art. 346) o credor satisfaz-se, mas o devedor não se libera, pois a sub-rogação transfere ao novo credor todos os direitos, pretensões e ações em relação à dívida. Considera-se legal a sub-rogação operada em virtude da fiança. A sub-rogação legal opera-se automaticamente, quer o adimplemento pelo fiador tenha sido voluntário, quer em virtude de execução promovida pelo credor contra ele, quer tenha sido com o objeto devido pelo devedor principal, quer por efeito de dação em pagamento ou qualquer outro modo de solução de dívida".[134]

Justamente essa pretensão regressiva, aludida por Paulo Lobo, é ventilada através do chamamento ao processo (art. 132, I, CPC).

A segunda hipótese legal ocorre quando apenas um fiador é demandado. Permite-lhe a lei chamar os demais cofiadores. A fiança conjunta está prevista no art. 829, *caput*, do Código Civil.[135] No plano do direito material, o fenômeno é bem explicado por Orlando Gomes: "a obrigação principal pode ser garantida *conjuntamente* por vários fiadores. É o que se chama *cofiança*. Presume-se a *solidariedade* entre os *cofiadores*. O credor, nesse caso, pode excluir os bens de qualquer dos fiadores, pois cada qual responde pela dívida toda. Mas no contrato de fiança pode se estipulado o *benefício de divisão*. Desde que seja expressamente reservado, cada fiador responde unicamente pela parte que, em proporção, lhe couber no pagamento.

---

[133] *Contratos*, 18. ed. Rio de Janeiro: Forense, 1998. p. 438.

[134] *Direito Civil: Contratos*, São Paulo: Saraiva, 2011. p. 433.

[135] "A fiança conjuntamente prestada a um só débito por mais de uma pessoa importa o compromisso de solidariedade entre elas, se declaradamente não se reservarem o benefício de divisão".

Estabelecido que cada fiador responderá apenas por parte da dívida, que houver sido determinada, não será obrigado a mais. Há, no caso, limitação convencional de responsabilidade".[136]

Desta forma, caso o credor exerça seu direito de ação apenas contra um dos cofiadores, este poderá chamar os demais devedores solidários, sem prejuízo, por óbvio, da possibilidade de chamar o devedor principal. Nessas hipóteses, o cofiador que efetuar o pagamento integral da dívida sub-rogar-se-á nos direitos do credor. Contudo, apenas poderá demandar de cada um dos cofiadores a respectiva quota.[137]

A terceira hipótese é a mais genérica (e interessante). Envolve o "chamamento do devedor solidário". Historicamente, a solidariedade passiva foi instituída em favor do credor. Todavia, a solidariedade, admite pela lei e pela vontade das partes, evolui em compasso com a sociedade, de sorte que um mesmo fenômeno em determinado momento histórico pode gerar dívida solidária e em outro dado momento não. A admissibilidade do chamamento, no inciso III, dependerá da demonstração, *in statu assertionis*, de uma dívida solidária.[138]

Embora o instituto da solidariedade passiva seja uma garantia para o credor, o chamamento ao processo restringe o seu alcance na prática. Constrange-se o autor da ação a litigar em face de outros devedores. A jurisprudência, atenta a essa peculiaridade, vem limitando o alcance do inciso III para pedidos que envolvam preponderantemente índole patrimonial.

Por ilustração, os Tribunais Superiores não admitem a utilização do chamamento ao processo, nos casos em que se discuta o direito fundamental à saúde, tendo sido sufragado o seguinte entendimento pelo STJ sob o rito dos recursos repetitivos: "o chamamento ao processo da União com base no art. 77, III, do CPC, nas demandas propostas contra os demais entes federativos responsáveis para o fornecimento de medicamentos ou prestação de serviços de saúde,

---

[136] *Contratos*, 18. ed. Rio de Janeiro: Forense, 1998. p. 438.

[137] Art. 831, CCB: "O fiador que pagar integralmente a dívida fica sub-rogado nos direitos do credor; mas só poderá demandar a cada um dos outros fiadores pela respectiva quota".

[138] Por ilustração: "Agravo de Instrumento. Processual civil. Chamamento ao processo. Responsabilidade civil. Anulatória c/c indenização. Dano material e moral. Ex-empregador e seus sócios. Inadmissibilidade. O instituto do chamamento ao processo previsto no art. 77, do CPC, é medida jurídica colocada à disposição do devedor solidário, para que esse, caso seja acionado sozinho para responder por parte ou pela totalidade de uma dívida, possa acertar as responsabilidades do devedor principal e dos demais codevedores solidários, na proporção de suas cotas, não podendo ser admitido se não está em discussão a existência de dívida comum, como no caso dos autos em que se discute a responsabilidade civil por evento danoso". TAMG, AI 0341369-6, 1ª C.C., Rel. Juiz Silas Vieira, j. 14.08.2001.

não é impositivo, mostrando-se inadequado opor obstáculo inútil à garantia fundamental do cidadão à saúde" (tema 686).[139]

Outra situação complexa envolve a análise do dano ambiental. Sobre o tema, Voltaire Moraes indaga e logo responde: "havendo solidariedade passiva, porque todos os poluidores seriam corresponsáveis pelo evento danoso ao meio ambiente, seria cabível, então, com base no art. 77, III, o poluidor demandado, mediante chamamento ao processo, trazer para o pólo passivo da relação jurídica processual, um ou mais poluidores, que não foram demandados? No caso, pensamos que sim".[140]

Desta forma, embora a caracterização de uma obrigação solidária viabilize abstratamente o chamamento, a sua aceitação encontrara limites quando houver nítido e concreto risco de retardamento processual em virtude da formação do "litisconsórcio multitudinário" ou de alteração de competência, hipóteses nas quais deverá o órgão judicial restringir o número de participantes ou, até mesmo, inadmiti-lo em nome da valorização de outros direitos, como a duração razoável.

4.3. A crise das obrigações solidárias

O Código Civil dedica um capítulo, dentro do livro de direito obrigacional, às relações creditícias solidárias. Há solidariedade quando, na mesma obrigação concorre mais de um credor, ou mais de um devedor, cada um com direito, ou obrigado, à dívida toda (art. 264, CCB).

Historicamente, a solidariedade passiva foi instituída em favor do credor, que poderia escolher contra quem demandar, sem com isso renunciar ao direito de acionar os demais. Isso porque, na linha do art. 275 do Código Civil, o credor tem direito a exigir e receber de um ou de alguns dos devedores, parcial ou totalmente, a dívida comum; se o pagamento tiver sido parcial, todos os demais devedores continuam obrigados solidariamente pelo resto.

Caio Mário da Silva Pereira anota, em linhas gerais, as características básicas da obrigação solidária: "nela podemos salientar os pontos fundamentais que a análise indica. Em primeiro lugar, a pluralidade subjetiva: se há um só devedor e um só credor, a obrigação

---

[139] REsp 1203244/SC, 1. S., Rel. Min. Herman Benjamin, j. 09.04.2014. DJe 17/06/2014.

[140] Da denunciação da lide e do chamamento ao processo na ação civil pública por dano ao meio ambiente. In: *Revista do Ministério Público do RS*, 50/110.

é singular, e simples, na sua estrutura e nos seus efeitos, pois que o sujeito passivo deve a prestação por inteiro ao sujeito ativo. Para que se possa vislumbrar a solidariedade é mister que haja a concorrência de mais de um credor, ou de mais um devedor, ou de vários credores e vários devedores simultaneamente. Em segundo lugar, aponta-se a unidade objetiva: se cada um dos devedores estiver obrigado a uma prestação autônoma ou a uma fração da *res debita*, ou vice versa, se cada um dos credores tiver direito a uma cota-parte do fracionamento do objeto. Pluralidade subjetiva e unidade objetiva: é da essência da solidariedade que numa obrigação em que concorram vários sujeitos ativos ou vários sujeitos passivos haja unidade de prestação, Isto é, cada um dos credores tem o poder de receber a dívida inteira e cada um dos devedores tem a obrigação de solvê-la integralmente".[141]

As obrigações solidárias apresentam determinadas particularidades, dentre as quais a impossibilidade de serem presumidas. Devem resultar da lei, ou da vontade das partes, nesta hipótese materializada em contrato.[142] Do contrário, não vinculam os sujeitos, obstruindo a via do chamamento.[143]

Todavia, se a solidariedade é uma garantia em favor do credor, o instituto do chamamento ao processo foi concebido primordialmente para proteger o réu (coobrigado). Há uma nítida tensão, que encontra o seu ápice nos casos em que o autor, contra a sua vontade, é constrangido a litigar contra quem não deseja, como, por exemplo, uma pessoa inadimplente, um parente, um amigo, etc.

Por isso, o regramento do chamamento perturba a vida das obrigações solidárias e defendemos a sua eliminação do sistema processual. No mínimo, em atenção a natureza das obrigações solidárias e ao princípio dispositivo, deveria ser exigida a concordância do autor para que o chamamento fosse admitido.

---

[141] In: *Instituições de Direito Civil*, v. II, 5. ed. Rio de Janeiro: Saraiva, 1996. p. 58.

[142] Nesse sentido, o art. 265 do Código Civil, que afirma "a solidariedade não se presume; resulta da lei ou da vontade das partes".

[143] Assim: "Agravo interno. Agravo de instrumento com negativa de seguimento por manifesta improcedência. Responsabilidade civil em acidente de trânsito. Ação de indenização. Indeferimento de chamamento ao processo. Inteligência do art. 77 do Código de Processo Civil. Com efeito, no caso vertente não se tem nenhuma relação de direito material preestabelecida a propiciar o reconhecimento da solidariedade, a qual, sabe-se, não se presume, resultando da vontade da lei ou das partes. O art. 77, III do CPC, exige a solidariedade entre os devedores, o que inocorre no presente caso. A ação tem por objeto a indenização de danos oriundos de acidente de trânsito. Assim, não havendo vínculo obrigacional entre as partes, torna-se impossível na espécie, a caracterização do 'chamamento ao processo', como requerido pela parte, não havendo incidência de nenhum dos incisos do art. 77 do Código de Processo Civil. Recurso improvido." (Agravo Interno nº 70004844957, 2ª Câmara Especial Cível, TJRS, Rel. Ney Wiedemann Neto, j. 25/09/2002)

Entretanto, o Código de 2015 manteve, em linhas gerais, a figura do chamamento prevista no Código de 1973, perdendo uma oportunidade histórica de corrigir um equívoco do direito processual que está afetando a vida das pessoas (e o próprio direito civil).

4.4. Peculiaridades do procedimento

O chamamento ao processo deve ser requerido na contestação, sob pena de preclusão (art. 131, CPC/2015).[144]

Compete ao magistrado proferir decisão interlocutória quanto à sua admissibilidade. Se deferida, ordena-se a citação do chamado. Caso inadmitida, autoriza-se o manejo de agravo de instrumento pelo réu-chamante, conforme art. 1015, IX, CPC.

A formação de litisconsórcio, com distintos procuradores, tem o condão de fazer incidir o benefício do art. 229, permitindo que os réus pratiquem os atos processuais, com "prazo em dobro". O operador deve, contudo, atentar para o fato do art. 229 não ser aplicável em autos eletrônicos, conforme inovação legal.[145]

O instituto do chamamento é vocacionado para o processo de conhecimento. Sob o fundamento de que a função do processo de execução é satisfazer o crédito pré-reconhecido, entende a doutrina que o chamamento ao processo é incompatível com a sua índole. Nesse sentido é o magistério de Araken de Assis, pela exclusão das formas de intervenção de terceiros, típicas do processo de conhecimento, do processo de execução, à exceção da assistência.[146] A jurisprudência firma-se na mesma linha.[146]

---

[144] Art. 131, CPC/2015: "A citação daqueles que devam figurar em litisconsórcio passivo será requerida pelo réu na contestação e deve ser promovida no prazo de 30 (trinta) dias, sob pena de ficar sem efeito o chamamento. Parágrafo único. Se o chamado residir em outra comarca, seção ou subseção judiciárias, ou em lugar incerto, o prazo será de 2 (dois) meses".

[145] Art. 229, CPC/2015: "Os litisconsortes que tiverem diferentes procuradores, de escritórios de advocacia distintos, terão prazos contados em dobro para todas as suas manifestações, em qualquer juízo ou tribunal, independentemente de requerimento. § 1º Cessa a contagem do prazo em dobro se, havendo apenas 2 (dois) réus, é oferecida defesa por apenas um deles. § 2º Não se aplica o disposto no caput aos processos em autos eletrônicos".

[146] ASSIS, Araken de. Manual do Processo de Execução, p. 234. 6. ed. São Paulo: RT, 2000. Assevera o professor gaúcho que "excluem-se, em razão da índole satisfativa da demanda executória, as formas intervencionais típicas do processo de conhecimento. Não comporta a execução, a par dos atos executivos, operando no mundo físico, a simultânea resolução de lide trazida por uma das partes. É bem o caso, p. ex., da denunciação da lide, que constitui ação regressiva, in simultâneus processus, pela qual o autor ou o réu veiculam pretensão de reembolso contra terceiros, se algum deles sucumbir na ação principal, criando título executivo (art. 76). E também o do chamamento ao processo, pelo qual o réu amplia o pólo passivo da demanda, fazendo todos suportarem a condenação (art. 86). Em última análise, portanto, os dois institutos

Mais delicado é o debate acerca do cabimento do chamamento ao processo em demanda monitória. A jurisprudência do STJ guia-se por precedente forjado a partir interpretação analógica do antigo art. 280, CPC/73,[148] que regulava a intervenção de terceiros em procedimento sumário.[149] Concluiu a Corte que "com mais razão, deve ser afastada da ação monitória, a qual tende à formação de título executivo contra o demandado e somente admite a defesa pelos embargos. Se no procedimento que se quer célere for admitido o chamamento de terceiros, apenas para beneficiar a posição do réu e definir a sua relação com outros, estará frustrada no nascedouro a tentativa de simplificação do processo".[150]

Não há, contudo, até o momento manifestação colegiada do Superior Tribunal de Justiça a respeito da compatibilidade (ou não) do processo monitório regulado pelo CPC/2015 com o chamamento ao processo.

De toda sorte, quando admitido o chamamento, viabiliza-se uma hipótese de litisconsórcio ulterior. Permite-se, assim, que o chamado participe de todos os atos processuais futuros, na qualidade de

---

visam a criação de título executivo. Ora, no bojo da relação processual executiva, semelhante escopo se afigura impertinente e esdrúxulo, pois o título antecede e baseia a execução. Por isso, a natureza dessas modalidades de intervenção de terceiros desautoriza, nada obstante o silêncio do Código, sua admissibilidade na execução. Admite-se apenas a assistência."

[147] "COMERCIAL E PROCESSUAL CIVIL. AGRAVO REGIMENTAL. AGRAVO DE INSTRUMENTO. CERCEAMENTO DE DEFESA. INOCORRÊNCIA. DUPLICATA. PROTESTO. ENTREGA DE MERCADORIA. EXIGIBILIDADE DO TÍTULO EXECUTIVO. INCIDÊNCIA DA SÚMULA N° 7/STJ. RECURSO NÃO PROVIDO. 1 – Se a questão trazida à discussão foi dirimida, pelo Tribunal de origem, valendo-se de fundamentação idônea e suficiente à solução da controvérsia, deve ser afastada a alegada ofensa ao art. 535 do Código de Processo Civil. 2 – Este Superior Tribunal tem se posicionado no sentido de não ser cabível o chamamento ao processo em fase de execução. Precedentes do STJ. 3- Honorários advocatícios fixados de forma razoável e de acordo com os parâmetros previstos no art. 20, §§ 3° e 4°, do CPC. 4- Agravo regimental a que se nega provimento". AgRg no Ag 703.565/RS, 4. T., Rel. Min. Maria Isabel Gallotti, j. 20.11.2012. DJe 04.12.2012; "Execução. Chamamento ao processo. Intervenção cabível somente no processo de conhecimento, considerando que visa a formação de litisconsórcio ulterior e formação de título executivo (art. 77, 78 e 80 do Código de Processo Civil). Agravo interno desacolhido." (Agravo n° 70001613538, 16ª CC, TJRS, Rel. Desa. Genacéia da Silva Alberton, j. 29/11/2000.

[148] Rezava o art. 280 que "No procedimento sumário não são admissíveis a ação declaratória incidental e a intervenção de terceiros, salvo a assistência, o recurso de terceiro prejudicado e a intervenção fundada em contrato de seguro".

[149] Por exemplo: decisão monocrática proferida no REsp 1.269615/MG, Rel. Min. Raul Araújo, j. 11.09.2017.

[150] Trecho do voto do Min. Ruy Rosado de Aguiar Júnior no Recurso Especial n° 337.683-ES, publicado no DJ: 10/03/2003, p. 226. Ementa: "Monitória. Chamamento ao processo. Não cabe o chamamento ao processo na ação monitória, a requerimento do réu que não embargou. Recurso não conhecido".

parte. Ao final, será proferida uma sentença que apreciará, de maneira globalizada, a causa.[151]

Como se trata de litisconsórcio, a sentença que julgar procedente a ação movida pelo credor, acertará o direito deste contra o demandado primitivo e em face do chamado. Ao mesmo tempo, se for o caso, acertará eventual sub-rogação no crédito e o exercício do direito de regresso. A sentença, portanto, se procedente, oferecerá um título executivo ao autor e também para o chamante em face do chamado.

Esse raciocínio decorre da aplicação do art. 132, CPC/2015, que prescreve: "a sentença de procedência valerá como título executivo em favor do réu que satisfizer a dívida, a fim de que possa exigi-la, por inteiro, do devedor principal, ou, de cada um dos codevedores, a sua quota, na proporção que lhes tocar".

Quanto aos honorários de sucumbência, de regra, eles são fixados em favor do autor ou dos réus, consoante o regime geral do litisconsórcio. Normalmente, chamado e chamante envidam mútuos esforços para obstar o reconhecimento da pretensão do autor. Dessa forma, entre eles não há sucumbência. Caso a demanda seja julgada procedente, os dois devem arcar com os honorários em prol do demandante. Em troca, se o pedido for julgado improcedente, o requerente deverá arcar com os honorários dos patronos dos litisconsortes passivos. Essa é a regra geral.[152]

4.5. O chamamento ao processo no Código de Defesa do Consumidor

Com o intuito de aprimorar a tutela nas relações de consumo, e de certa forma restabelecer a isonomia material entre as partes envolvidas, o Código de Defesa do Consumidor preocupa-se em diversos dispositivos em resguardar o hipossuficiente. Segue o mandamento constitucional previsto no art. 170: a defesa do consumidor.

Algumas medidas encontradas pelo legislador para facilitar o acesso à Justiça dos consumidores constam no art. 101, CDC. A

---

[151] Athos Gusmão Carneiro esclarece: "importa não esquecer, aqui, que o chamamento não representa exercício de ação regressiva do chamante contra o chamado, mas apenas convocação para a formação de litisconsórcio passivo". *Intervenção de Terceiros*, p. 149.

[152] Essa é a posição histórica do direito brasileiro, espelhada na pena saudosa de Athos Gusmão Carneiro: "a imposição de honorários supõe uma parte vencedora, outra sucumbente. Mas chamante e chamado não sucumbem um perante o outro, e sim podem vitoriar-se, ou sucumbir, perante a parte adversa, a parte demandante". *Intervenção de Terceiros*, p. 148.

mais importante, sobre a competência, prevista no primeiro inciso, permite a propositura no foro do vulnerável. No inciso II, o Código regula o fenômeno da participação de terceiros nas demandas atinentes às relações de consumo. Reza a norma que "o réu que houver contratado seguro de responsabilidade poderá chamar ao processo o segurador, vedada a integração do contraditório pelo Instituto de Resseguros do Brasil".

À primeira vista, pode surgir uma perplexidade, afinal o Código afirma que o réu poderá "chamar", e não "denunciar" o segurador, e o modo ordinário pelo qual o segurador é instado a discutir a incidência de seu contrato é a denunciação da lide. Aliás, na linha do art. 88, a denunciação é explicitamente afastada do processo consumeirista, referindo o dispositivo que a ação de regresso decorrente do art. 13 (responsabilidade do comerciante) poderá ser ajuizada em processo autônomo, facultada a possibilidade de prosseguir-se nos mesmos autos, vedada a denunciação da lide.

Uma das justificativas possíveis para esta escolha legislativa reside na regra de solidariedade entre todos os participantes do evento danoso que culminou na lesão da vítima, estipulada pelo art. 7º em seu parágrafo único.[153] Essa solidariedade, como afirma Mara Larsen Chechi, abre à vítima "o direito de escolher contra quem quer direcionar a ação, com a garantia de inoponibilidade de culpa concorrente ou direito de regresso em relação aos demais componentes da cadeia produtiva".[154] A solidariedade entre os autores da ofensa é vista pela doutrina especializada como um fato decisivo para a realização do princípio da reparação integral.[155]

O próprio CDC traz exceções, como a do comerciante, o qual, nos termos do art. 13, possui responsabilidade subsidiária, de modo que para sua condenação é necessário o preenchimento de uma das três hipóteses: (I) impossibilidade de identificação do fabricante, do construtor ou do produtor; (II) o produto for fornecido sem identificação clara do seu fabricante, produtor, construtor ou importador ou (III) quando não tenha conservado adequadamente os produtos

---

[153] Art. 7º, CDC: "Os direitos previstos neste Código não excluem outros decorrentes de tratados ou convenções internacionais de que o Brasil seja signatário, da legislação interna ordinária, de regulamentos expedidos pelas autoridades administrativas competentes, bem como dos que derivem dos princípios gerais do direito, analogia, costumes e equidade. Parágrafo único. Tendo mais de um autor a ofensa, todos responderão solidariamente pela reparação dos danos previstos nas normas de consumo".

[154] Trecho do voto proferido no julgamento da AC 70002970267, TJRS, 9ª C.C., j. 04.12.2002.

[155] Cf. SANSEVERINO, Paulo de Tarso Vieira. *A Responsabilidade Civil no Código de Defesa do Consumidor e a Defesa do Fornecedor*, São Paulo: Saraiva, 2002. p. 172.

perecíveis. Dessa forma, a princípio, o comerciante escapa do liame da solidariedade que se estabelece entre os participantes da cadeia produtiva. Quando presentes os pressupostos de responsabilidade civil do comerciante, o art. 88 veda a denunciação da lide dos demais responsáveis, ressalvando futura ação regressiva.

Dentro desse espírito que norteou a defesa do consumidor é compreensível a opção pelo chamamento ao processo, pois quando da edição do CDC/1990 estava vigendo o CPC/1973, e a responsabilização solidária ocorria pelo chamamento ao processo. Daí por que o instrumento processual eleito é o chamamento ao processo, e não a denunciação da lide. Um dos coautores do Projeto que viabilizou o CDC, o eminente professor Kazuo Watanabe, assim explicava a opção: "o fornecedor demandado poderá convocar ao processo o seu segurador, mas não para o exercício da ação incidente de garantia que constitui a denunciação da lide (conforme comentário ao art. 88, supra) e sim para ampliar a legitimação passiva em favor do consumidor o que se dá através do instituto do chamamento ao processo, disciplina no Código de Processo Civil, nos artigos 77 a 80. Com a norma do artigo 101 do Código o elenco do artigo 77, CPC, fica ampliado para nele ficar abrangido o segurador do fornecedor de produtos e serviços, que passa a assumir a condição de codevedor perante o consumidor. O dispositivo traz expressa alusão ao art. 80, CPC, que prevê a condenação de todos codevedores, reconhecendo em favor do que satisfizer a dívida 'o benefício do título executivo para exigir a dívida, se for o caso por inteiro do devedor principal ou de cada um dos codevedores, a sua quota, na proporção que lhes tocar'. Certamente, na relação entre segurador e segurado pela natureza do contrato que confere ao segundo o benefício da cobertura securitária em troca do pagamento ao primeiro do prêmio correspondente, a título de contra-prestação não haverá lugar para essa cobrança regressiva do segurador contra o segurado. O chamamento ao processo portanto amplia a garantia do consumidor e ao mesmo tempo possibilita ao fornecedor convocar desde logo sem a necessidade de ação regressiva autônoma o segurador para responder pela cobertura securitária prometida". [156]

Nada impedirá, entretanto, que após a composição da lide que envolve o consumidor, ambos os responsáveis legais (segurador e fornecedor de produto ou serviço) discutam em demanda futura, sem a presença da vítima, qual a responsabilidade de cada qual. Dessa forma, estará resguardada a efetividade perante aquele que, na

---

[156] *Código Brasileiro de Defesa do Consumidor*, Rio de Janeiro: Forense, 2001.p. 827.

linha do Código e no mais das vezes, é a parte mais frágil na relação obrigacional.

Compreende-se assim a resistência da jurisprudência em se tolerar as intervenções de terceiros no ambiente das relações de consumo, pois, no mais das vezes, ao invés de auxiliar a defesa do consumidor, a vinda do terceiro prejudica a celeridade e a satisfação do direito da parte hipossuficiente.

4.6. O chamamento atípico dos codevedores de alimentos (interpretação do art. 1.698, CC)

A realização do direito aos alimentos é assunto que atrai a análise de distintos ramos do direito (constitucional, civil, processual, previdenciário, etc.). Contudo, ao lado de muitos temas que possuem consensos, nessa quadra histórica, existem outros que motivam intensos debates.

Com efeito, um dos consensos da comunidade acadêmica reside na íntima relação entre o direito aos alimentos e a promoção da dignidade humana. Quanto à fixação da pensão alimentícia, ensina Juliano Spagnolo que ela deve obedecer ao trinômio (necessidade de quem postula, possibilidade de quem arca e proporcionalidade no seu arbitramento): "a fixação dos alimentos aquém do mínimo necessário à sobrevivência do alimentado ofende frontalmente o principio da dignidade da pessoa humana. A fixação dos alimentos de forma exagerada, além das possibilidades econômico – financeiras do devedor, também ofende o principio da dignidade da pessoa humana, pois o alimentante não poderá prover alimentos de modo que ele próprio não os tenha para sua própria subsistência". Defende o professor gaúcho que "toda decisão concessiva ou denegatória de alimentos deve ser fundamentada, ou ao menos orientada, pelo principio fundamental da dignidade da pessoa humana, a fim de que seja protegida e respeitada a dignidade dos sujeitos da obrigação alimentar".[157]

Atenta à realidade, há séculos o pensamento jurídico consagra a aplicação da cláusula *rebus sic stantibus*, permitindo a constante revisão da pensão alimentícia. Como pondera Fabrício Dani de Boeckel, "quando os alimentos são fixados, portanto, leva-se em consideração as circunstâncias então existentes, sendo humanamente impossível

---

[157] Uma visão dos alimentos através do prisma fundamental da dignidade da pessoa humana. In: *Tendências Constitucionais no Direito de Família*. PORTO, Sérgio Gilberto e USTÁRROZ, Daniel (orgs.). Porto Alegre: Livraria do Advogado, 2003. p. 153.

prever a probabilidade de continuação ou modificação futura das condições relevantes para o arbitramento da verba alimentar, muito embora a obrigação em análise seja essencialmente continuativa. Diante disso, é da essência da fixação dos alimentos a cláusula rebus sic stantibus, ou seja, o reconhecimento de que a pensão estabelecida é a mais adequada tendo em vista as circunstâncias verificadas no momento em que proferida a decisão, estando sujeita a revisão caso haja mudança nesse suporte fático".[158]

Ao lado dessas lições incorporadas ao pensamento jurídico atual, existem outras ainda polêmicas. No que interessa ao presente estudo (intervenção de terceiros), dispõe o art. 1.698, do Código Civil, que "se o parente, que deve alimentos em primeiro lugar, não estiver em condições de suportar totalmente o encargo, serão chamados a concorrer os de grau imediato; sendo várias as pessoas obrigadas a prestar alimentos, todas devem concorrer na proporção dos respectivos recursos, e, intentada ação contra uma delas, poderão as demais ser chamadas a integrar a lide".

A natureza desse instituto é polêmica. Prova disso é a existência de acórdãos que mencionam a existência de um litisconsórcio necessário entre os avós maternos e paternos, nas ações de alimentos.[159] Ditas decisões devem ser interpretadas com cuidado, afinal cada parente contribui com base nas suas peculiares condições, em atenção ao binômio possibilidade/necessidade. Compete, como previsto na legislação e na tradição brasileira, o encargo alimentar aos parentes mais próximos (pais e filhos), somente diante da ausência de condições desses primeiros obrigados é admissível a postulação em relação aos demais. Não há, portanto, litisconsórcio necessário, ao contrário do que sustentam decisões judiciais nesse sentido.[160] O sistema permite (e não exige) a formação do litisconsórcio.[161]

---

[158] *Tutela jurisdicional do direito a alimentos*. Porto Alegre: Livraria do Advogado, 2007. p. 52.

[159] "CIVIL E PROCESSUAL. RECURSO ESPECIAL. FAMÍLIA. ALIMENTOS. INSUFICIÊNCIA DOS ALIMENTOS PRESTADOS PELO GENITOR. COMPLEMENTAÇÃO. AVÓS PATERNOS DEMANDADOS. PEDIDO DE LITISCONSÓRCIO NECESSÁRIO ENTRE AVÓS PATERNOS E MATERNOS. CABIMENTO, NOS TERMOS DO ART. 1.698 DO NOVO CÓDIGO CIVIL. PRECEDENTES. I. Nos termos da mais recente jurisprudência do STJ, à luz do Novo Código Civil, há litisconsórcio necessário entre os avós paternos e maternos na ação de alimentos complementares. Precedentes. II. Recurso especial provido". (REsp 958.513/SP, 4. T., Rel. Min. Aldir Passarinho Junior, j. 22.02.2011. DJe 01.03.2011)

[160] "APELAÇÃO CÍVEL – DIREITO DE FAMÍLIA – AÇÃO DE ALIMENTOS AVOENGOS – LITISCONSÓRCIO PASSIVO NECESSÁRIO DE TODOS PROGENITORES – INOBSERVÂNCIA – CASSAÇÃO DA SENTENÇA. – Constitui exegese mais acertada do art. 1.698 do CC/2002 a que reconhece a existência de litisconsórcio passivo necessário de todos os progenitores, pois a obrigação alimentar deve ser diluída na medida dos recursos dos coobrigados, evitando-se que somente um deles arque com todo o encargo. V.V – A legislação civil estabeleceu

Em verdade, ocorre a formação de um litisconsórcio ulterior (no curso do processo), com a integração de outro parente no polo passivo, tal como no chamamento ao processo previsto no CPC. Este litisconsórcio é de natureza facultativa, pois a ausência deste parente preterido na relação processual em nada atrapalha o processo, sendo desnecessária a sua citação, quando não requerida pelas partes ou pelo MP.[162] Contudo, a intervenção do art. 1.698 apresenta peculiaridades em relação ao tradicional "chamamento do processo", razão pela qual adotamos a nomenclatura "chamamento atípico" apenas com o objetivo de realçar as suas distinções com o instituto previsto no CPC.

Com efeito, para melhor compreender o seu alcance, consideramos importante ultrapassar duas questões antecedentes, quais sejam: (a) quais as pessoas que, no direito brasileiro, podem ser chamadas a prestar alimentos, no âmbito das famílias e (b) quem estaria legitimidade para requerer a intervenção prevista no art. 1698.

Uma das questões delicadas reside justamente na legitimação passiva. Afinal, perante o direito brasileiro, todos os parentes podem

---

hierarquia entre os devedores de alimentos, sendo o dever dos avós de prestar sustento aos netos complementar e subsidiário ao dos pais. Para que haja a transferência de responsabilidade, é fundamental a prova inequívoca da falta ou impossibilidade do genitor, primeiro responsável legal. Não restando demonstrada a impossibilidade da mãe dos menores em prestar os alimentos, desnecessário se mostra o chamamento de seus pais ao processo, inexistindo o litisconsórcio passivo necessário entre os avós paternos e maternos". (TJMG, 5. C.C., AC 1.0106.11.004619-5/001, Rel. Des. Versiani Penna, j. 24/07/2014, publicação da súmula em 31/07/2014)

[161] "Não obstante se possa inferir do texto do art. 1.698 do CC – norma de natureza especial – que o credor de alimentos detém a faculdade de ajuizar ação apenas contra um dos coobrigados, não há óbice legal a que o demandado exponha, circunstanciadamente, a arguição de não ser o único devedor e, por conseguinte, adote a iniciativa de chamamento de outro potencial devedor para integrar a lide". (REsp 964.866/SP, 4. T., Rel. Min. João Otávio de Noronha, j. 01.03.2011. DJe 11.03.2011.

[162] Correta em nossa visão a seguinte decisão: "AGRAVO DE INSTRUMENTO. ALIMENTOS AVOENGOS. Decisão que, em ação de alimentos proposta contra os avós paternos, determinou a inclusão, no pólo passivo, dos avós maternos. Não há litisconsórcio passivo necessário. A obrigação alimentar é divisível, e não solidária. Afinal, cada um prestará alimentos na medida de sua capacidade. Ademais, não há sentido em incluir na demanda quem, sabidamente, não tem condições de contribuir para o sustento do neto, ou, ao contrário, já contribui, na medida das suas possibilidades. Precedentes da Câmara. AGRAVO PROVIDO. UNÂNIME". (TJRS, AI 70074438391, 8. C.C., Rel. Des. Ivan Leomar Bruxel, j. 09/11/2017). No mesmo sentido: "AGRAVO DE INSTRUMENTO. AÇÃO DE EXECUÇÃO DE ALIMENTOS. INCLUSÃO DOS AVÓS PATERNOS NO POLO PASSIVO DA AÇÃO. DESCABIMENTO. INEXISTÊNCIA DE LITISCONSÓRCIO PASSIVO NECESSÁRIO. OBRIGAÇÃO DIVISÍVEL E NÃO SOLIDÁRIA. A obrigação alimentar avoenga é subsidiária ou complementar à prestação alimentar devida pelos genitores aos filhos, facultado ao alimentando ajuizar a demanda contra um ou mais de um devedor. Trata-se de litisconsórcio facultativo e não obrigatório. Art. 1.696 do Código Civil. Ação de execução ajuizada contra o genitor. Agravo de instrumento provido". (TJRS, AI 70064445166, 7. C.C., Rel. Des. Jorge Luís Dall'Agnol, j. 26/08/2015).

entre si postular os alimentos que necessitem? Ou existiria alguma limitação? Se positiva, qual o seu alcance?

O *caput* do art. 1.694 insinua um apelo irrestrito aos alimentos: "podem os parentes, os cônjuges ou companheiros pedir uns aos outros os alimentos de que necessitem para viver de modo compatível com a sua condição social, inclusive para atender às necessidades de sua educação". Contudo, logo a seguir, o próprio Código Civil impõe uma limitação nos artigos 1.696 e 1697, restringindo a legitimação passiva aos ascendentes, descendentes e irmãos.[163]

Portanto, existe uma questão polêmica: apenas ascendentes, descendentes e irmãos podem ser chamados a prestar alimentos ou outros parentes também possuiriam dito encargo.

Em sede doutrinária, é majoritária a orientação restritiva, cuja razão de ser é explicada por Rolf Madaleno: "a prestação de alimentos na linha colateral vai somente até o segundo grau de parentesco, porque entre irmãos ainda existe no mundo dos fatos um vínculo de intimidade e afeição; embora no campo do direito sucessório a ordem de vocação hereditária permita herdar por direito próprio na linha colateral até o quarto grau (CC, art. 1.839), aduz a doutrina serem diferentes os critérios políticos e sociais a ditarem as regras dos dois institutos".[164]

Agrega Paulo Neto Lobo que "o parentesco para fins de alimentos é limitado ao segundo grau; para fins de impedimentos matrimoniais ou de tutela, é limitado ao terceiro grau; para fins sucessórios, é limitado ao quarto grau. Por outro lado, essa é uma característica do direito brasileiro, pois em outros países, como a França, nenhum parente colateral assume dever de alimentos. Sob o ponto de vista moral, os vínculos de reciprocidade que estão subjacentes à obrigação alimentar, são escassos ou inexistentes entre sobrinhos e tios e, sobretudo, entre primos, na realidade atual das entidades familiares. Quanto aos irmãos, a reciprocidade alimentar em relação a eles origina-se da reciprocidade inerente ao parentesco que os vincula".[165]

Todavia, existem autores e decisões judiciais na direção oposta. Esse é o caminho, por exemplo, trilhado por Maria Berenice Dias, a

---

[163] Prescreve o Código Civil: "Art. 1.696. O direito à prestação de alimentos é recíproco entre pais e filhos, e extensivo a todos os ascendentes, recaindo a obrigação nos mais próximos em grau, uns em falta de outros. Art. 1.697. Na falta dos ascendentes cabe a obrigação aos descendentes, guardada a ordem de sucessão e, faltando estes, aos irmãos, assim germanos como unilaterais.".

[164] *Curso de Direito de Família*, 5. ed. Rio de Janeiro: Forense, 2013. p. 911.

[165] *Direito Civil*: Famílias, 2. ed. São Paulo: Saraiva, 2009. p. 361.

partir de sólidos fundamentos: "apesar de todos reconhecerem que a ordem de vocação hereditária estende-se até o quarto grau, de forma maciça a doutrina não admite que a responsabilidade alimentar ultrapasse o parentesco de segundo grau. Porém, não há como reconhecer direitos aos parentes e não lhes atribuir deveres. O fato de a lei explicitar o dever dos irmãos não exclui o dever alimentar dos demais parentes, aos quais é concedido direito sucessório. O silêncio não significa que estejam excluídos do dever de pensionar. O encargo segue os preceitos gerais: na falta dos parentes mais próximos são chamados os mais remotos, começando pelos ascendentes, seguidos dos descendentes. Portanto, na falta de pais, avós e irmãos, a obrigação passa aos tios e tios-avós, depois aos sobrinhos, aos sobrinhos-netos e, finalmente, aos primos (...) os graus de parentesco não devem servir só para se ficar com os bônus, sem a assunção de ônus".[166]

Nessa linha, tampouco deve ser olvidado que as relações jurídicas que envolvem a prestação de alimentos possuem peculiaridades. Avós, por exemplo, possuem um dever "complementar e subsidiário", como apontado na súmula 596/STJ: "a obrigação alimentar dos avós tem natureza complementar e subsidiária, somente se configurando no caso de impossibilidade total ou parcial de seu cumprimento pelos pais".

De seu turno, o Estatuto do Idoso, a pretexto de reforçar a tutela dessas pessoas em situação de vulnerabilidade, prescreve que o dever de prestar alimentos é solidário, a fim de permitir que os idosos os reclamem de qualquer parente. Conforme o art. 12, "a obrigação alimentar é solidária, podendo o idoso optar entre os prestadores".[167]

Desta forma, a amplitude de utilização do art. 1.698 irá depender dessa questão preliminar, qual seja identificar quem são os "codevedores" de alimentos, que podem ser chamados para complementar a pensão. Somente a partir dessa definição é que será possível aferir a legitimação passiva para o chamamento.

Portanto, a legitimação passiva depende da atenta análise dos fatores acima e das demais características da obrigação alimentar.

---

[166] *Manual de Direito das Famílias*, 10. ed. São Paulo: RT, 2015. p. 591.

[167] Trata-se em nossa visão de um artigo equivocado, incoerente com o caráter personalíssimo da obrigação alimentar. O oferecimento de alimentos, no direito brasileiro, depende fundamentalmente da possibilidade do devedor, de sorte que cada parente (leia-se: cada pessoa) tem condições distintas de prestar. A solidariedade do Estatuto do Idoso, cientificamente, não se justifica. Foi uma escolha política simbólica, que na prática muitas vezes é discretamente ignorada (afinal cada parente é condenado a pagar alimentos, na medida de suas possibilidades).

A mesma complexidade é observada na definição da legitimação ativa para a postulação de incidência do art. 1.698. Também nesse ponto há dissídio na doutrina.

Dentre outros autores, Paulo Lobo considera que é um "direito do réu": "o Código Civil, apesar da proclamada tentativa de evitar incursionar em matérias processuais, estabelece que, intentada ação contra qualquer das pessoas obrigadas a prestar alimentos, 'poderão as demais ser chamadas a integrar a lide' (art. 1.698). Esse chamamento é direito do réu, que o requererá, de modo a permitir que o juiz defina as quotas que todos os obrigados potenciais deverão assumir, de acordo os respectivos recursos. A doutrina qualificou-a como nova modalidade de intervenção de terceiros (Santos, 2004, p. 227), ou uma forma especiosa de litisconsórcio passivo facultativo (Cahali, 2001, p. 150). A norma se dirige, prioritariamente, aos parentes de mesmo grau (exemplo, os avós ou os irmãos. Se há dois ou mais devedores do mesmo grau, podem ser demandados alguns, um ou todos. Pode, também, ser chamado o parente de grau diferente, quando se tratar de complementação da obrigação (exemplo, réu pai do alimentando, que não tem recursos para obrigar-se pela integralidade dos alimentos e requer o chamamento dos avós do segundo)".[168] A posição majoritária da doutrina vai nesse sentido, de valorizar o ângulo de análise do réu.[169]

Vai nessa linha uma decisão do Superior Tribunal de Justiça, preconizando a legitimidade ao demandado para promover o chamamento dos codevedores, como se vê do seguinte excerto: "a obrigação alimentar não tem caráter de solidariedade, no sentido que 'sendo várias pessoas obrigadas a prestar alimentos todos devem concorrer na proporção dos respectivos recursos'. O demandado, no entanto, terá direito de chamar ao processo os corresponsáveis da obrigação alimentar, caso não consiga suportar sozinho o encargo,

---

[168] *Famílias*, 8. ed. São Paulo: Saraiva, 2018. p. 385.

[169] O ângulo do réu também é destacado por Luiz Guilherme da Costa Wagner Junior, ao afirmar que o instituto tem por objetivo "(a) buscar atender em um só processo, e com a maior razoabilidade de tempo possível, a necessidade alimentar daquele que bate às portas do Judiciário; e (b) propiciar também em um só processo, que um parente solitariamente acionado, se assim desejar, possa dividir a responsabilidade pela complementação das verbas alimentares com os demais coobrigados que com ele estejam em idêntica situação jurídica. Atende às duas preocupações acima o entendimento de que, seja qual for a interpretação que se dê ao art. 1.698 do CC, deve restar assegurada a possibilidade daquele parente que fora acionado solitariamente trazer aos autos os demais parentes codevedores". Considerações sobre a intervenção de terceiros trazida no art. 1.698 do CC: a questão da complementação dos alimentos pelos parentes, In: *O Terceiro no Processo Civil Brasileiro e Assuntos Correlatos*. DIDIER JUNIOR, Fredie (org.). São Paulo RT. 2010. p. 358.

para que se defina quanto caberá a cada um contribuir de acordo com as suas possibilidades financeiras".[170]

Contudo, para melhor atender o interesse do alimentando, essa legitimidade deve ser complementada a fim de que o próprio credor possa, no curso da demanda, requerer a vinda de outros parentes ao processo, especialmente quando demonstrado que a pessoa inicialmente demandada não possui condições de prover integralmente a pensão. Idêntica legitimação deve ser estendida ao Ministério Público, nos feitos em que lhe compete intervir, em face de seus fins institucionais. Consideramos que o tema deva ser analisado sob o ângulo do credor dos alimentos, afinal é ele que será beneficiado pela complementação/repartição da pensão. Nesse passo, na medida em que a utilidade da medida também reverte em benefício para o autor, a sua legitimidade deve ser garantida, para o fim de se lhe autorizar, no curso do processo, invocar o art. 1.698 para obter proteção jurídica.

Essas foram as razões pelas quais a Jornada de Direito Civil editou o Enunciado n. 523, com o seguinte teor: "o chamamento dos codevedores para integrar a lide, na forma do art. 1.698 do Código Civil, pode ser requerido por qualquer das partes, bem como pelo Ministério Público, quando legitimado".

Essa solução atende ao melhor interesse do menor, tornando desnecessária a propositura de outra ação de alimentos, para se obter proteção.

---

[170] "CIVIL. ALIMENTOS. RESPONSABILIDADE DOS AVÓS. OBRIGAÇÃO COMPLEMENTAR E SUCESSIVA. LITISCONSÓRCIO. SOLIDARIEDADE. AUSÊNCIA. 1 – A obrigação alimentar não tem caráter de solidariedade, no sentido que 'sendo várias pessoas obrigadas a prestar alimentos todos devem concorrer na proporção dos respectivos recursos'. 2 – O demandado, no entanto, terá direito de chamar ao processo os corresponsáveis da obrigação alimentar, caso não consiga suportar sozinho o encargo, para que se defina quanto caberá a cada um contribuir de acordo com as suas possibilidades financeiras. 3 – Neste contexto, à luz do novo Código Civil, frustrada a obrigação alimentar principal, de responsabilidade dos pais, a obrigação subsidiária deve ser diluída entre os avós paternos e maternos na medida de seus recursos, diante de sua divisibilidade e possibilidade de fracionamento. A necessidade alimentar não deve ser pautada por quem paga, mas sim por quem recebe, representando para o alimentado maior provisionamento tantos quantos coobrigados houver no pólo passivo da demanda. 4 – Recurso especial conhecido e provido". REsp 658.139/RS, 4. T., Rel. Min. Fernando Rodrigues, j. 11.10.2005. DJ: 13.03.2006, p. 326.

Capítulo 5 - Do incidente de desconsideração da personalidade jurídica

5.1. Breve histórico do instituto

A teoria da desconsideração da personalidade jurídica floresceu no direito comparado, no final do século XIX, a partir da limitação da responsabilidade patrimonial das pessoas jurídicas existentes.[171] Aponta a doutrina a relevância do caso *Salomon versus Salomon Company Ltd.*, assim descrito por Paulo Lobo: "O comerciante Salomon e seis membros de sua família constituíram uma empresa, na qual o primeiro detinha 20.000 ações e os demais uma ação cada, com nítido propósito de proteção e limitação patrimonial sob o véu da pessoa jurídica. Quando entrou em insolvência e liquidação, os credores sustentaram que os demais sócios eram meros testas de ferro, tendo os tribunais de primeira e segunda instâncias decidido que a pessoa jurídica foi utilizada por Salomon como projeção de seus negócios pessoais, devendo este responder pelas dívidas daquela. Porém a Casa dos Lordes reformou esse entendimento, decidindo não haver responsabilidade pessoal do sócio majoritário e controlador, mas a semente da desconsideração fora lançada".[172]

---

[171] Ensina Caio Mario da Silva Pereira que "distinguindo a responsabilidade do ente moral relativamente aos seus integrantes – societas distat a singulis –, acobertavam-se eles (e muito particularmente os seus administradores) de todas as consequências, salvo nos casos de individualmente incorrerem em falta. Sentindo os inconvenientes desta imunidade, o direito norte-americano engendrou a doutrina da disregard of legal entity, segundo a qual dever-se-á desconsiderar a pessoa jurídica quando, em prejuízo de terceiros, houver por parte dos órgãos dirigentes, a prática de ato ilícito, ou abuso de poder, ou violação de norma estatuária, ou genericamente infração de disposição legal". *Instituições de direito civil*, v. I, Rio de Janeiro: Forense, 1995. p. 209.

[172] *Direito Civil*: Parte Geral, 2. ed. São Paulo: Saraiva, 2010. p. 186.

A partir desse caso, como sublinha Paulo Lobo, a doutrina procurou "revelar o fim real que a pessoa jurídica encobre, despersonalizando-a temporariamente. Pretende imputar ao real controlador da pessoa jurídica, esteja dentro ou fora dela, a responsabilidade pelos atos da pessoa jurídica que importem abuso do direito e prejuízo a ela própria, aos demais sócios ou a terceiros, especialmente os credores. O princípio norteador é a realização da justiça equitativa, sobretudo a prevalência da boa-fé. A técnica de personificação, principalmente no que respeita à pretendida separação patrimonial entre pessoas jurídicas e seus sócios, não pode constituir meio para tangenciar as normas jurídicas ou destruir valores superiores; ou, como disse Rubens Requião, para proteger velhacos e delinquentes. O problema se agravou com a tendência verificada no correr do século XX da concentração de empresas ou dos grupos econômicos de subordinação, quando várias empresas são controladas por uma empresa dita *holding*.[173]

Com efeito, a partir do caso Salomon v. Salomon Ltd., a ideia da *disregard of legal entity* passou a receber atenção dos doutrinadores. Dentre os textos clássicos oriundos do direito comparado, merece destaque a obra de Rolf Serick traduzida para a imensa maioria dos países de Civil e de *Common Law*.[174]

No solo brasileiro, foi Rubens Requião, com um artigo pioneiro denominado "Abuso e fraude através da personalidade jurídica (*disregard doctrine*)", publicado em 1969, que chamou a atenção da comunidade jurídica para a relevância do tema.[175]

5.2. A desconsideração da personalidade jurídica no Código Civil

O Código Civil, em seu art. 50, procurou sistematizar a "teoria da desconsideração". Preconizou o texto legal que "em caso de abuso da personalidade jurídica, caracterizado pelo desvio de finalidade, ou pela confusão patrimonial, pode o juiz decidir, a requerimento da parte, ou do Ministério Público quando lhe couber intervir no processo, que os efeitos de certas e determinadas relações de obrigações sejam estendidos aos bens particulares dos administradores ou sócios da pessoa jurídica".

---

[173] Op. cit., p. 187.
[174] SERICK, Rolf. *Forma e realtà della persona giuridica*. Milão: Giuffrè, 1966.
[175] *Revista dos Tribunais*, v. 410, dez.1969. p. 12-24.

A lei estipulou dois específicos requisitos, que devem ser demonstrados por quem invoca a teoria da *disregard:* (1) desvio de finalidade ou (2) confusão patrimonial.

Com base nessa redação, muitos autores sustentam que teria sido adotada uma "teoria objetiva", a dispensar a prova de má-fé, dolo, fraude por parte do devedor. É a opinião, por exemplo, de Paulo Neto Lobo, quando assim se pronuncia: "o Código Civil optou pela denominada teoria objetiva da desconsideração da pessoa jurídica, concentrada na noção de abuso da personalidade jurídica no fato do desvio de finalidade ou da confusão patrimonial, sem perquirir se houve intenção de fraudar, abusar ou prejudicar por parte do sócio ou controlador".[176]

Com efeito, a partir da recepção legislativa do Código Civil, seguiram-se inúmeros estudos e decisões, procurando densificar a previsão do art. 50. Entretanto, muitas questões ainda estão longe de pacificação.

Um tema sempre polêmico no direito brasileiro residiu nos efeitos do "encerramento" ou da "dissolução" irregular de uma sociedade. Empresários, de todos os cantos do país, reclamam da excessiva burocracia para se abrir e, principalmente, para se encerrar uma pessoa jurídica. Não raro, diante de dificuldades financeiras, as empresas simplesmente deixam de operar, sem contudo extinguir a sua existência sob a ótica do direito. Nessas ocasiões, defendem os credores que a responsabilidade patrimonial pelas dívidas deveriam ser transmitidas aos sócios, pela aplicação da *disregard*. De seu turno, a devedora considera que o simples fato da empresa tornar-se inadimplente, ainda que somado ao não encerramento regular de sua vida jurídica, não pode ser suficiente para justificar a excussão dos bens dos sócios. Com esse segundo ângulo de análise, a presente obra simpatiza, pois ampliar a responsabilidade dos sócios/investidores/administradores, diante da insolvência da empresa, demandaria a presença dos pressupostos do art. 50 e, dentre esses, não está o encerramento fático (embora não jurídico) da empresa.

Por tal razão, agiu bem o Superior Tribunal de Justiça quando definiu esse delicado tema, alcançando a seguinte conclusão: "O encerramento das atividades ou dissolução, ainda que irregulares, da sociedade não são causas, por si só, para a desconsideração da personalidade jurídica, nos termos do Código Civil".[177]

---

[176] Op. cit. p. 189.
[177] "EMBARGOS DE DIVERGÊNCIA. ARTIGO 50, DO CC. DESCONSIDERAÇÃO DA PERSONALIDADE JURÍDICA. REQUISITOS. ENCERRAMENTO DAS ATIVIDADES OU DISSOLUÇÃO IRREGULARES DA SOCIEDADE. INSUFICIÊNCIA. DESVIO DE FINALIDADE

Da leitura do voto condutor, proferido pela Ministra Isabel Gallotti, observa-se que a preocupação do Superior Tribunal de Justiça foi a de preservar a vida pessoal dos sócios, diante do fracasso empresarial. Para se superar a autonomia patrimonial da empresa, a Corte exigiu a prova de algum dos pressupostos do art. 50, para se autorizar a medida. Vale destacar o seguinte trecho de seu voto: "Para a aplicação da teoria maior da desconsideração da personalidade social, exige-se o dolo das pessoas naturais que estão por trás da sociedade, desvirtuando-lhe os fins institucionais e servindo-se os sócios ou administradores desta para lesar credores ou terceiros. É a intenção ilícita e fraudulenta, portanto, que autoriza, nos termos da teoria adotada pelo Código Civil, a aplicação do instituto em comento. Da doutrina (SILVA. Regina Beatriz Tavares (Coord.). DINIZ, Maria Helena. *Código Civil Comentado*. São Paulo: Saraiva. 2012. p. 141), no exame do artigo 50 do Código Civil, desde a proposta inicial de seu texto até a redação final, observam-se as razões do então deputado Ricardo Fiuza, valendo-se de ensinamento de Wilson do Egito Coelho, para acolher a proposta senatorial de emenda ao indigitado dispositivo, *litteris*: "a *disregard doctrine* pressupõe sempre a utilização fraudulenta da companhia pelos seus controladores, como se deduz da lei inglesa (art. 332 do *Companies* Act de 1948) e da jurisprudência norte-americana. Assim, na Inglaterra, essa responsabilidade pessoal só surge no caso de dolo, sendo que recentemente a Comissão Jenkins propôs a sua extensão aos casos de negligência ou imprudência graves na conduta dos negócios (*reckless trading*) (v. André Tunc, *le droit anglais des sociétés anonymes*, Paris, Dalloz, 1971, n. 45, p. 46). De acordo com o art. 333, a mesma lei admite a propositura de ação contra o administrador (*officer*), nos casos de culpa grave (*misfeasance e breach of trust*), mas tão somente para que sejam ressarcidos os danos causados à sociedade pelos atos contra ela praticados

---

OU CONFUSÃO PATRIMONIAL. DOLO. NECESSIDADE. INTERPRETAÇÃO RESTRITIVA. ACOLHIMENTO. 1. A criação teórica da pessoa jurídica foi avanço que permitiu o desenvolvimento da atividade econômica, ensejando a limitação dos riscos do empreendedor ao patrimônio destacado para tal fim. Abusos no uso da personalidade jurídica justificaram, em lenta evolução jurisprudencial, posteriormente incorporada ao direito positivo brasileiro, a tipificação de hipóteses em que se autoriza o levantamento do véu da personalidade jurídica para atingir o patrimônio de sócios que dela dolosamente se prevaleceram para finalidades ilícitas. Tratando-se de regra de exceção, de restrição ao princípio da autonomia patrimonial da pessoa jurídica, a interpretação que melhor se coaduna com o art. 50 do Código Civil é a que relega sua aplicação a casos extremos, em que a pessoa jurídica tenha sido instrumento para fins fraudulentos, configurado mediante o desvio da finalidade institucional ou a confusão patrimonial. 2. O encerramento das atividades ou dissolução, ainda que irregulares, da sociedade não são causas, por si só, para a desconsideração da personalidade jurídica, nos termos do Código Civil. 3. Embargos de divergência acolhidos". EREsp 1306553/SC, 2. Seção, Rel. Min. Maria Isabel Gallotti, j. 10/12/2014, DJe 12/12/2014.

(v. Tunc, obra citada, n. 133, p. 201). Nos Estados Unidos, a doutrina da transparência tem sido aplicada com reservas e tão somente nos casos de evidente intuito fraudulento, quando a sociedade é utilizada como simples instrumento (*mere instrumentality*) ou alter ego ou agente do acionista controlador. Em tais hipóteses de confusão do patrimônio da sociedade com o dos acionistas e de indução de terceiro em erro, a jurisprudência dos Estados Unidos tem admitido levantar o véu (*judges have pierced the corporate veil*) para responsabilizar pessoalmente os acionistas controladores (v. o comentário *Should shareholders be personally liable or the torts of their corporations?*, Yale Law Journal, n. 6, maio de 1967, 76/1.190 e s. e especialmente p. 1.192). Pois bem, a responsabilização pessoal, como corolário lógico, pressupõe claramente que os efeitos de certas e determinadas relações de obrigações sejam estendidos aos bens particulares dos sócios da pessoa jurídica. Assim, para atender a aplicação da teoria da desconsideração da personalidade jurídica, conhecida por *disregard doctrine* ou *disregard of legal entity* no Direito anglo-americano; teoria do superamento *della personalità giuridica* na doutrina italiana; teoria da 'penetração' – *Durchgriff der juristichen personen* germânica; o *abus de la notion de personnalité sociale ou mise a l'écart de la personalité morale* do Direito francês, necessário se torna que o preceito contemple, a rigor, o tríplice interesse da doutrina, porquanto aplicável diante de atos ilícitos, ou abusivos, que concorram para fraudar a lei ou ao abuso de direito ou ainda para lesar terceiros. Nessa linha de entendimento, a redação da emenda afigurava-se mais consentânea à construção da doutrina, melhor adequando a ideia do legislador ao normatizar a desconsideração da pessoa jurídica. Demais disso, o texto proposto mais se coadunava com o alcance de permitir seja a doutrina consolidada e, em seus fins, pela prestação jurisdicional". Assim, a ausência de intuito fraudulento ou confusão patrimonial afasta o cabimento da desconsideração da personalidade jurídica, ao menos quando se tem o Código Civil como o microssistema legislativo norteador do instituto, a afastar a simples hipótese de encerramento ou dissolução irregular da sociedade como causa bastante para a aplicação do *disregard doctrine*.

Valorizou o Superior Tribunal de Justiça, de forma acertada, uma interpretação restritiva do art. 50, desenvolvendo argumentação no sentido de que a exegese ampliativa desse dispositivo colocaria em risco o desenvolvimento da atividade econômica. Portanto: "Tratando-se de regra de exceção, de restrição ao princípio da autonomia patrimonial da pessoa jurídica, a interpretação que melhor se coaduna com o art. 50 do Código Civil é a que relega sua aplicação a casos extremos, em que a pessoa jurídica tenha sido mero instrumento para fins fraudulentos por aqueles que a idealizaram, valendo-se dela para encobrir os ilícitos que propugnaram seus sócios ou administradores. Entendimento diverso conduziria, no limite, em termos práticos, ao fim da autonomia patrimonial da pessoa jurídica, ou seja, regresso histórico incompatível com a segurança jurídica e com o vigor da atividade econômica".

Os eventos acadêmicos, igualmente, trataram de interpretar o art. 50, merecendo destaque os seguintes enunciados discutidos e aprovados nas tradicionais "Jornadas de Direito Civil":

> 7 – Art. 50: Só se aplica a desconsideração da personalidade jurídica quando houver a prática de ato irregular e, limitadamente, aos administradores ou sócios que nela hajam incorrido.
>
> 51 – Art. 50: "a teoria da desconsideração da personalidade jurídica – *disregard doctrine* – fica positivada no novo Código Civil, mantidos os parâmetros existentes nos microssistemas legais e na construção jurídica sobre o tema".
>
> 146 – Art. 50: Nas relações civis, interpretam-se restritivamente os parâmetros de desconsideração da personalidade jurídica previstos no art. 50 (desvio de finalidade social ou confusão patrimonial). (Este Enunciado não prejudica o Enunciado n. 7)
>
> 282 – Art. 50: O encerramento irregular das atividades da pessoa jurídica, por si só, não basta para caracterizar abuso da personalidade jurídica.
>
> 284 – Art. 50: As pessoas jurídicas de direito privado sem fins lucrativos ou de fins não econômicos estão abrangidas no conceito de abuso da personalidade jurídica;
>
> 285 – Art. 50: A teoria da desconsideração, prevista no art. 50 do Código Civil, pode ser invocada pela pessoa jurídica, em seu favor.

Como se observa, o debate quanto à aplicação da *disregard*, no âmbito do direito privado, é bastante frutífero. Paulatinamente, o direito vem oferecendo balizas mais seguras para a sua aplicação uniforme em território nacional.

5.3. A desconsideração da personalidade jurídica no Código de Defesa do Consumidor

Mais delicado é o problema relativo à desconsideração da personalidade jurídica no âmbito das relações de consumo. Isto porque o importante Código de Defesa do Consumidor (1990) regulou o tema de uma forma genérica no art. 28:

> Art. 28. O juiz poderá desconsiderar a personalidade jurídica da sociedade quando, em detrimento do consumidor, houver abuso de direito, excesso de poder, infração da lei, fato ou ato ilícito ou violação dos estatutos ou contrato social. A desconsideração também será efetivada quando houver falência, estado de insolvência, encer-

ramento ou inatividade da pessoa jurídica provocados por má administração. § 1º (Vetado). § 2º As sociedades integrantes dos grupos societários e as sociedades controladas, são subsidiariamente responsáveis pelas obrigações decorrentes deste código. § 3º As sociedades consorciadas são solidariamente responsáveis pelas obrigações decorrentes deste código. § 4º As sociedades coligadas só responderão por culpa. § 5º Também poderá ser desconsiderada a pessoa jurídica sempre que sua personalidade for, de alguma forma, obstáculo ao ressarcimento de prejuízos causados aos consumidores.

Como se observa, a estipulação de critérios do *caput* praticamente cai por terra diante da redação vaga do § 5º, o qual, a depender de como interpretado, pode ter o condão de tornar letra morta o *caput* e os ensinamentos históricos da *"disregard"*.

Com efeito, segundo o *caput*, da referida norma "o juiz poderá desconsiderar a personalidade jurídica da sociedade quando, em detrimento do consumidor, houver abuso de direito, excesso de poder, infração da lei, fato ou ato ilícito ou violação dos estatutos ou contrato social. A desconsideração também será efetivada quando houver falência, estado de insolvência, encerramento ou inatividade da pessoa jurídica provocados por má administração". Na medida em que a lei faz alusão ao "abuso de direito", "excesso de poder", "infração da lei", "fato ou ato ilícito" ou "violação dos estatutos ou do contrato social", é intenso o debate em sede doutrinária acerca da melhor interpretação destes vocábulos.

Não bastasse esse quadro, somam-se ainda os parágrafos do art. 28, com destaque para o § 5º, quando permite a desconsideração sempre que a personalidade jurídica da empresa for, de alguma forma, "obstáculo ao ressarcimento de prejuízos causados aos consumidores".

Dentro desse panorama, os principais expoentes do direito do consumidor brasileiro, consideram ter sido quebrado o dogma da separação patrimonial entre a pessoa jurídica e os seus sócios, como se vê da lição de Cláudia Lima Marques, Herman Benjamin e Leonardo Bessa: "Este valor de proteção efetiva dos consumidores é tão grande que o CDC permite mesmo a quebra do dogma da separação patrimonial entre a pessoa jurídica e seus sócios. É o art. 28 do CDC, o qual prevê a desconsideração da personalidade da pessoa jurídica em prol dos interesses dos consumidores, mesmo em casos que não há abuso (compare com o art. 50 do CC/2002). No CDC, como vimos, a todos os fornecedores da cadeia de fornecimento, solidariamente, são imputados (de forma objetiva, independente de culpa) deveres de proteção dos direitos dos consumidores. Assim, o art. 28, *caput* e § 5º, permite a desconsideração de toda e qualquer sociedade em caso de abuso de direito e "sempre que a sua personalidade jurídica for, de alguma forma, obstáculo ao ressarcimento" dos consumidores".[178]

Analisando o art. 28, Sérgio Cavalieri Filho alcança a conclusão de que o § 5º é independente em relação ao *caput*, raciocínio que facilita a tutela do consumidor e agrava a posição dos membros da empresa. Afirma o festejado autor que "evidencia a independência do § 5º com relação ao *caput* a expressão que introduz: "também poderá ser desconsiderada". O advérbio *também* indica expressa condição de equivalência ou similitude em relação ao *caput*, a fim de facultar ao julgador, mesmo fora das situações ali descritas, desconsiderar a pessoa jurídica a partir de um critério objetivo – quando sua existência constituir obstáculo ao ressarcimento dos prejuízos causados aos consumidores. Assim, repetimos, mesmo não ocorrendo as hipóteses enumeradas no *caput*, pode o julgador desconsiderar a pessoa jurídica quando sua personalidade constituir obstáculo ao ressarcimento dos consumidores lesados. De outra forma, seria indiscutível a inutilidade do § 5º, pois é óbvio que, ocorrendo alguma das hipóteses do *caput*, poderia ser desconsiderada a personalidade jurídica da empresa, independentemente de haver ou não obstáculo à reparação".[179]

Em sentido diametralmente oposto, manifesta-se Fábio Ulhôa Coelho: "Essa interpretação meramente literal, no entanto, não pode prevalecer por três razões. Em primeiro lugar, porque contraria os fundamentos teóricos da desconsideração. Como mencionado, a *disregard doctrine* representa um aperfeiçoamento do instituto da pessoa jurídica, e não a sua negação. Assim, ela só pode ter a sua autonomia patrimonial desprezada para a coibição de fraudes ou abuso de direito. A simples insatisfação do credor não autoriza, por si só, a desconsideração, conforme assenta a doutrina na formulação maior da teoria. Em segundo lugar, porque tal exegese literal tornaria letra morta o *caput* do mesmo art. 28 do CDC, que circunscreve algumas hipóteses autorizadoras do superamento da personalidade jurídica. Em terceiro lugar, porque essa interpretação equivaleria à eliminação do instituto da pessoa jurídica no campo do direito do consumidor, e, se tivesse sido esta a intenção da lei, a norma para operacionalizá-la poderia ser direta, sem apelo à teoria da desconsideração. Dessa maneira, deve-se entender o dispositivo em questão (CDC, art. 28, § 5º) como pertinente apenas às sanções impostas ao empresário, por

---

[178] *Manual de direito do consumidor*, 6. ed. São Paulo: RT, 2014. p. 84.
[179] *Programa de Direito do Consumidor*, 3. ed. São Paulo: Atlas, 2011. p. 363.

descumprimento de norma protetiva dos consumidores, de caráter não pecuniário".[180]

Uma terceira corrente, que se situa entre os dois polos acima, é proposta pelo Bruno Miragem: "A desconsideração da personalidade jurídica é solução moderna e excepcional em proteção do credor que sofre com o comportamento abusivo do devedor. Preserva, de um lado, a funcionalidade do instituto da pessoa jurídica em relação à má-fé dos administradores e sócios. De outro, oferece garantia substancial ao credor na medida em que lhe permite constranger o patrimônio pessoal de quem tenha operado *in concreto* a ação abusiva da empresa e demais pessoas jurídicas de direito privado. Contudo, suas vantagens resultam justamente do seu caráter de excepcionalidade. Orienta-se para a proteção da segurança jurídica, e não o contrário. Daí porque a expansão do instituto, operada pelo art. 28, § 5º, do Código de Defesa do Consumidor, deve ser interpretado em razão da finalidade de proteção do vulnerável, por intermédio da ponderação entre a defesa do consumidor e a livre iniciativa econômica, como direitos fundamentais incontrastáveis a partir de sua previsão constitucional. Este exame deverá ser feito em vista dos custos que razoavelmente possam ser exigidos das partes nas relações de mercado. E sem perder de vista que ao final, redistribuem-se entre todos os agentes econômicos, seja por intermédio da formação dos preços, ou da elevação/retração da atividade econômica do mercado".[181]

Como se observa da divergência acima, no plano doutrinário, a questão está ainda longe de ser definida, o que de forma alguma impede os Tribunais, todos os dias, de aplicarem o art. 28, de uma maneira "mais ou menos" pacificada[182] Ocorre que o Superior Tribunal de Justiça, em seus julgados, sublinha a adoção da "teoria menor", no âmbito do direito do consumidor, o que viabiliza a seguinte conclusão: "No contexto das relações de consumo, em atenção ao art. 28, § 5º, do CDC, os credores não negociais da pessoa jurídica

---

[180] COELHO, Fábio Ulhoa. *Curso de direito comercial*, v. 2: direito de empresa. 13. ed. São Paulo: Saraiva. 2009. p. 53/54.

[181] Notas sobre a desconsideração da personalidade jurídica no direito civil e no direito do consumidor. *Revista Jurídica Empresarial*, v. 09, p. 13-26, 2009.

[182] Por ilustração: "AGRAVO DE INSTRUMENTO. CUMPRIMENTO DE SENTENÇA. DESCONSIDERAÇÃO DA PERSONALIDADE JURÍDICA. CABIMENTO NA HIPÓTESE. ART. 28, §5º, DO CÓDIGO DE DEFESA DO CONSUMIDOR. Diante da evidente natureza consumerista da relação havida, e a frustração da execução inicialmente movida contra a pessoa jurídica, cabível a desconsideração da personalidade jurídica da empresa executada, o que se reconhece em face do artigo 28, § 5º, do Código de Defesa do Consumidor. AGRAVO DE INSTRUMENTO PROVIDO". TJRS, 9. C.C., AI 70033859505, Rel. Des. Iris Helena Medeiros Nogueira, j. 16.12.2009.

podem ter acesso ao patrimônio dos sócios, mediante a aplicação da disregard doctrine, bastando a caracterização da dificuldade de reparação dos prejuízos sofridos em face da insolvência da sociedade empresária".[183]

5.4. O mérito do "incidente de desconsideração da personalidade jurídica"

Um dos méritos do Código de Processo Civil de 2015 reside na identificação de um procedimento relativo à desconsideração da personalidade jurídica. Quanto ao ponto, o Código anterior não se preocupara, a despeito do instituto da *disregard* ser utilizado diuturnamente no Foro.

Atualmente, conforme o art. 133, a desconsideração da personalidade jurídica deverá ser precedida de um procedimento específico, batizado de "incidente de desconsideração da personalidade", no qual é assegurado o contraditório ao credor e, especialmente, as pessoas que podem ser atingidas pelo provimento jurisdicional.[184]

Em linha com a prática judiciária, admite-se o incidente de desconsideração "em todas as fases do processo de conhecimento, no cumprimento de sentença e na execução fundada em título executivo extrajudicial", conforme o art. 134.[185]

Antes da edição do Novo Código, a jurisprudência majoritária admitia a desconsideração incidental e se contentava com o exercício do contraditório, por parte das pessoas atingidas pela medida, quando já deferida a medida. Manifestava-se a jurisprudência no sentido de que inexistiria prejuízo à ampla defesa e ao contraditório, em razão da ausência de citação ou de intimação para o pagamento da

---

[183] REsp 737.000/MG, 3. T., Rel. Min. Paulo Sanseverino, j. 01.09.2011. DJe 12.09.2011.

[184] Reza o art. 133: "O incidente de desconsideração da personalidade jurídica será instaurado a pedido da parte ou do Ministério Público, quando lhe couber intervir no processo. § 1º O pedido de desconsideração da personalidade jurídica observará os pressupostos previstos em lei. § 2º Aplica-se o disposto neste Capítulo à hipótese de desconsideração inversa da personalidade jurídica".

[185] Art. 134. O incidente de desconsideração é cabível em todas as fases do processo de conhecimento, no cumprimento de sentença e na execução fundada em título executivo extrajudicial. § 1º A instauração do incidente será imediatamente comunicada ao distribuidor para as anotações devidas. § 2º Dispensa-se a instauração do incidente se a desconsideração da personalidade jurídica for requerida na petição inicial, hipótese em que será citado o sócio ou a pessoa jurídica. § 3º A instauração do incidente suspenderá o processo, salvo na hipótese do § 2º. § 4º O requerimento deve demonstrar o preenchimento dos pressupostos legais específicos para desconsideração da personalidade jurídica.

dívida, sendo suficiente a intimação superveniente da penhora dos bens dos ex-sócios, para o exercício do direito de defesa.[186]

Essa inovação é saudada pela doutrina majoritária, como se observa, por ilustração, das ponderações de Luiz Guilherme Marinoni: "Em todos esses casos de desconsideração da personalidade jurídica, seja para possibilitar o alcance de bens do sócio por dívida da sociedade, seja para ensejar a constrição de bens da sociedade por dívida do sócio (desconsideração inversa da personalidade jurídica, art. 133, § 2º), o terceiro só poderá ser alcançado pela eficácia da

---

[186] Por ilustração: "DIREITO CIVIL E DO CONSUMIDOR. DESCONSIDERAÇÃO DA PERSONALIDADE JURÍDICA. PRESSUPOSTOS PROCESSUAIS E MATERIAIS. OBSERVÂNCIA. CITAÇÃO DOS SÓCIOS EM PREJUÍZO DE QUEM FOI DECRETADA A DESCONSIDERAÇÃO. DESNECESSIDADE. AMPLA DEFESA E CONTRADITÓRIO GARANTIDOS COM A INTIMAÇÃO DA CONSTRIÇÃO. IMPUGNAÇÃO AO CUMPRIMENTO DE SENTENÇA. VIA ADEQUADA PARA A DISCUSSÃO ACERCA DO CABIMENTO DA *DISREGARD*. RELAÇÃO DE CONSUMO. ESPAÇO PRÓPRIO PARA A INCIDÊNCIA DA TEORIA MENOR DA DESCONSIDERAÇÃO. ART. 28, § 5º, CDC. PRECEDENTES. 1. A desconsideração da personalidade jurídica é instrumento afeito a situações limítrofes, nas quais a má-fé, o abuso da personalidade jurídica ou confusão patrimonial estão revelados, circunstâncias que reclamam, a toda evidência, providência expedita por parte do Judiciário. Com efeito, exigir o amplo e prévio contraditório em ação de conhecimento própria para tal mister, no mais das vezes, redundaria em esvaziamento do instituto nobre. 2. A superação da pessoa jurídica afirma-se como um incidente processual e não como um processo incidente, razão pela qual pode ser deferida nos próprios autos, dispensando-se também da citação dos sócios, em desfavor de quem foi superada a pessoa jurídica, bastando a defesa apresentada a posteriori, mediante embargos, impugnação ao cumprimento de sentença ou exceção de pré-executividade. 3. Assim, não prospera a tese segundo a qual não seria cabível, em sede de impugnação ao cumprimento de sentença, a discussão acerca da validade da desconsideração da personalidade jurídica. Em realidade, se no caso concreto e no campo do direito material fosse descabida a aplicação da Disregard Doctrine, estar-se-ia diante de ilegitimidade passiva para responder pelo débito, insurgência apreciável na via da impugnação, consoante art. 475-L, inciso IV. Ainda que assim não fosse, poder-se-ia cogitar de oposição de exceção de pré-executividade, a qual, segundo entendimento de doutrina autorizada, não só foi mantida, como ganhou mais relevo a partir da Lei n. 11.232/2005. 4. Portanto, não se havendo falar em prejuízo à ampla defesa e ao contraditório, em razão da ausência de citação ou de intimação para o pagamento da dívida (art. 475-J do CPC), e sob pena de tornar-se infrutuosa a desconsideração da personalidade jurídica, afigura-se bastante – quando, no âmbito do direito material, forem detectados os pressupostos autorizadores da medida – a intimação superveniente da penhora dos bens dos ex-sócios, providência que, em concreto, foi realizada. 5. No caso, percebe-se que a fundamentação para a desconsideração da pessoa jurídica está ancorada em 'abuso da personalidade' e na 'ausência de bens passíveis de penhora', remetendo o voto condutor às provas e aos documentos carreados aos autos. Nessa circunstância, o entendimento a que chegou o Tribunal a quo, além de ostentar fundamentação consentânea com a jurisprudência da Casa, não pode ser revisto por força da Súmula 7/STJ. 6. Não fosse por isso, cuidando-se de vínculo de índole consumerista, admite-se, a título de exceção, a utilização da chamada 'teoria menor' da desconsideração da personalidade jurídica, a qual se contenta com o estado de insolvência do fornecedor somado à má administração da empresa, ou, ainda, com o fato de a personalidade jurídica representar um 'obstáculo ao ressarcimento de prejuízos causados aos consumidores', mercê da parte final do caput do art. 28, e seu § 5º, do Código de Defesa do Consumidor. 7. A investigação acerca da natureza da verba bloqueada nas contas do recorrente encontra óbice na Súmula 7/STJ. 8. Recurso especial não provido". (REsp 1096604/DF, 4. T., Rel. Min. Luis Felipe Salomão, j. 02.08.2012. DJe 16/10/2012)

decisão judicial se regularmente desconsiderada a personalidade jurídica mediante incidente de desconsideração, que demanda contraditório específico e prova igualmente específica sobre a ocorrência dos pressupostos legais que a autorizam. A única hipótese em que o terceiro pode ser alcançado sem incidente específico é aquela em que a desconsideração já vem desde logo requerida com a petição inicial, hipótese em que o sócio (desconsideração) ou a pessoa jurídica (desconsideração inversa) será desde logo citada (art. 134, § 2º). Isso não quer dizer, porém, que o contraditório e a prova dos pressupostos legais da desconsideração estejam dispensados: de modo nenhum. Num e noutro caso é imprescindível o respeito ao direito ao contraditório e ao direito à prova do terceiro".[187]

Outro mérito do "NCPC" reside na expressa admissão da "desconsideração inversa", ou seja a possibilidade de que as dívidas das pessoas naturais sejam cobradas da pessoa jurídica, caso esta tenha sido usada para, de forma contrária ao direito, encobrir o patrimônio individual.[188]

O procedimento previsto no "NCPC" será abordado no tópico seguinte.

5.5. Análise do procedimento previsto no NCPC

Inicialmente, o art. 133 oferece legitimidade para o credor e o Ministério Público postularem a instauração do incidente. A lei processual silencia a respeito da possibilidade dos magistrados, oficiosamente, suscitarem o incidente.

Esta omissão foi percebida pelo eminente professor Flávio Tartuce, o qual, em estudo minucioso, concluiu pela possibilidade de atuação oficiosa, quando presente interesse público, muito especialmente no âmbito da reparação do dano ambiental e no ambiente de consumo: "De início, estabelece o art. 133, *caput*, do Novo Código de Processo Civil que o incidente de desconsideração da personalidade jurídica será instaurado a pedido da parte ou do Ministério Público, quando lhe couber intervir no processo. Assim, fica afastada, pelo menos *a priori*, a possibilidade de conhecimento de ofício, pelo juiz,

---

[187] MARINONI, Luiz Guilherme. *Novo curso de processo civil*: tutela dos direitos mediante procedimento comum, vol. II, São Paulo: RT, 2015. p. 106.

[188] Conforme a doutrina de Fábio Ulhôa Coelho, a "desconsideração inversa é o afastamento do princípio da autonomia patrimonial da pessoa jurídica para responsabilizar a sociedade por obrigação do sócio." *Curso de direito comercial*, vol. 2: direito de empresa, 15. ed. São Paulo: Saraiva, 2011. p. 65.

da desconsideração da personalidade jurídica. Lembre-se de que a menção ao pedido pela parte ou pelo Ministério Público consta do art. 50 do Código Civil. Apesar disso, o presente autor entende que, em alguns casos, de ordem pública, a desconsideração da personalidade jurídica *ex officio* é possível. Cite-se, de início, as hipóteses envolvendo os consumidores, eis que, nos termos do art. 1º da Lei 8.078/1990, o Código de Defesa do Consumidor é norma de ordem pública e interesse social, envolvendo direitos fundamentais protegidos pelo art. 5º da Constituição Federal de 1988. (...) Pensamos que também é viável a desconsideração da personalidade jurídica de ofício pelo juiz nos casos de danos ambientais, diante da proteção constitucional do Bem Ambiental, como bem difuso, retirada do art. 225 do Texto Maior. A conclusão deve ser a mesma nas hipóteses envolvendo corrupção, por força da recente Lei 12. 846/2013, de interesse coletivo inquestionável. Em suma, a decretação *ex officio* é viável nos casos de incidência da *teoria menor*".[189]

Muito embora esteja correta a argumentação acima, uma vez que há interesse público na defesa do consumidor e na tutela do meio-ambiente, afigura-se mais correto, nesses e em quaisquer outros casos que afetem a vida social, autorizar o Ministério Público ou outro órgão que represente a sociedade para a suscitação (Associações e Sindicatos, por exemplo, que podem atuar como *amicus curiae*). Caso admitido que um magistrado, responsável pela condução do processo, suscite o incidente, a sua imparcialidade será inarredavelmente atingida. Para tais casos, portanto, o próprio Código já ofereceu a resposta, mediante a legitimação do Ministério Público. Com o máximo respeito pelas posições em sentido contrário, consideramos ilegal e inconveniente a atuação oficiosa dos magistrados neste tópico específico.

É adequada a posição de Fredie Didier Junior no ponto: "a desconsideração da personalidade jurídica não pode ser determinada ex officio pelo órgão julgador. O incidente de desconsideração da personalidade jurídica depende de pedido da parte ou do Ministério Público, nos casos que justificam a sua intervenção (art. 133, CPC)".[190]

Ato contínuo, o CPC/2015 prevê acertadamente que o incidente é cabível em qualquer fase do processo e admitindo que seja inclusive requerida na petição inicial hipótese em que será citado o sócio ou a pessoa jurídica que possa vir a ser atingido com a decisão judicial.

---

[189] *O novo CPC e o Direito Civil*, Rio de Janeiro: Forense; São Paulo: Método, 2015. p. 77-78.

[190] *Curso de direito processual civil*: introdução ao direito processual civil, parte geral e processo de conhecimento, 17. ed. Salvador: Editora Jus Podivm, 2015. p. 519.

Observa-se, no ponto, preocupação com o contraditório e a ampla defesa.[191]

Comenta o fenômeno, Alexandre de Freitas Câmara: "Há casos em que o demandante, já na petição inicial (de processo cognitivo ou executivo) postula a desconsideração da personalidade jurídica. Nesse caso, a citação do sócio ou da sociedade (esta no caso de desconsideração inversa) já será requerida originariamente. Ocorrendo esse requerimento originário, a demanda terá sido proposta em face do indigitado devedor da obrigação (seja a sociedade, seja o sócio) e, também, em face de terceiro (o sócio ou a sociedade, conforme o caso) que, não obstante estranho à relação obrigacional deduzida no processo, pode ser considerado também responsável pelo pagamento. Formar-se-á, aí, então, um litisconsórcio passivo originário entre a sociedade e o sócio. E em razão desse litisconsórcio originário não haverá qualquer motivo para a instauração do incidente. Afinal, nesse feito a pretensão à desconsideração integrará o próprio objeto do processo, cabendo ao juiz, ao proferir decisão sobre o ponto, acolher ou rejeitar tal pretensão".[192]

Exige a lei processual, de forma expressa, que o interessado na petição invoque os fundamentos que legitimam o seu pedido.[193] É correta tal disposição, na medida em que, como pondera Fredie Didier Junior, "o incidente de desconsideração da personalidade jurídica, além de trazer sujeito novo, amplia também o objeto litigioso do processo. Acresce-se ao processo um novo pedido: aplicação da sanção da desconsideração da personalidade jurídica ao terceiro. Por

---

[191] Art. 134. O incidente de desconsideração é cabível em todas as fases do processo de conhecimento, no cumprimento de sentença e na execução fundada em título executivo extrajudicial. § 1º A instauração do incidente será imediatamente comunicada ao distribuidor para as anotações devidas. § 2º Dispensa-se a instauração do incidente se a desconsideração da personalidade jurídica for requerida na petição inicial, hipótese em que será citado o sócio ou a pessoa jurídica. § 3º A instauração do incidente suspenderá o processo, salvo na hipótese do § 2º. § 4º O requerimento deve demonstrar o preenchimento dos pressupostos legais específicos para desconsideração da personalidade jurídica.

[192] Do incidente de desconsideração da personalidade jurídica. In: *Breves comentários ao Novo Código de Processo Civil*, WAMBIER, Teresa Arruda Alvim, DIDIER JUNIOR, Fredie, TALAMINI, Eduardo, DANTAS, Bruno (coords.). São Paulo: RT, 2015. p. 430.

[193] Ressalta Guilherme Rizzo Amaral o requisito da "verossimilhança": "ao requerer a instauração do incidente, deve a parte ou o Ministério Público demonstrar os preenchimentos legais específicos para a desconsideração. Note-se que, aqui, o juízo de admissibilidade do incidente não será um juízo de certeza nem mesmo de preponderância de provas, mas, sim, de verossimilhança das alegações do requerente. É o que basta para a instauração do incidente, sendo que a efetiva comprovação dos pressupostos legais da desconsideração é exigida apenas para a desconsideração propriamente dita da personalidade jurídica, a ser determinada em decisão final do incidente após sua devida instrução". AMARAL, Guilherme Rizzo. *Comentários às alterações do novo CPC*. São Paulo: RT, 2015. p. 210.

isso, o pedido de instauração do incidente deve demonstrar o preenchimento dos pressupostos legais que autorizam a intervenção (art. 134, §4°, CPC), sob pena de inépcia (ausência de causa de pedir, art. 330, §1°, I, CPC). Não bastam, assim, afirmações genéricas de que a parte quer desconsiderar a personalidade jurídica em razão do "princípio da efetividade" ou do "principio da dignidade da pessoa humana". Ao pedir a desconsideração, a parte ajuíza uma demanda contra alguém; deve, pois, observar os pressupostos do instrumento da demanda. Não custa lembrar: a desconsideração é uma sanção para a prática de atos ilícitos; é preciso que a suposta conduta ilícita seja descrita no requerimento, para que o sujeito possa defender-se dessa acusação". [194]

A instauração do incidente, segundo a lei processual, suspende o processo. Embora a lei anuncie a suspensão do processo, diante do recebimento do incidente, alguns atos poderão ser praticados Sobre o tema, posiciona-se José Miguel Garcia Medina: "de acordo com o § 3° do art. 134, a instauração do incidente suspenderá o processo. Não nos parece acertado suspender-se todo o processo, em razão da instauração do incidente. Mais adequado cingir-se eventual suspensão à questão da desconsideração – nada impedindo a prática de outros atos executivos, por exemplo, no curso do procedimento".[195]Esta "suspensão", portanto, existe para evitar que as pessoas eventualmente atingidas pela medida sejam atingidas antes de participarem do contraditório. Por decorrência, em relação às demais partes, não haveria sentido, em nossa opinião, para a suspensão da marcha processual, na medida em que a discussão travada no incidente nem sempre lhes interessa.

Nesse sentido, posiciona-se Alexandre Freitas Câmara, quando sublinha "fica claro, então, que não se está diante de verdadeira e própria suspensão do processo. O que se tem é, apenas, a vedação à prática de certos atos do processo (aqueles que não integram o procedimento do incidente), o que perdurará até que o incidente de desconsideração seja decidido. Há, pois, apenas uma suspensão imprópria, assim considerada a vedação temporária à prática de alguns atos do processo, permitida a prática de outros (no caso, é permitida apenas a prática dos atos processuais referentes ao processamento do incidente de desconsideração da personalidade jurídica). Enquanto pendente

---

[194] DIDIER JR. Fredie. *Curso de direito processual civil*: introdução ao direito processual civil, parte geral e processo de conhecimento, 17. ed. Salvador: Jus Podivm, 2015. p. 520-521.

[195] *Novo Código de Processo Civil Comentado*: com remissões e notas comparativas ao CPC/1973, São Paulo: RT, 2015. p. 227.

o incidente, então, os atos que não lhe digam respeito não poderão ser praticados. Fica, de todo modo, ressalvada a possibilidade de prática de atos urgentes, destinados a impedir a consumação de algum dano irreparável, nos estritos termos do disposto no art. 314".[196]

Ato contínuo, é citado o destinatário da medida para que ofereça a sua defesa no prazo de 15 dias, indicando as provas que pretende produzir na instrução do incidente. A eventual preterição do incidente e o ceifamento da possibilidade de defesa ensejam a nulidade de eventual decisão.[197]

Após a instrução regular do incidente, pronuncia-se o juiz ou Relator quanto à admissibilidade e, se for o caso, a procedência do incidente. Conforme o Código, caberá agravo de instrumento, se a interlocutória tiver sido proferida pelo juízo de primeiro grau ou agravo interno, caso a decisão seja do Relator.[198]

Quanto a via recursal, complementa Alexandre Freitas Câmara: "Vale ressaltar, porém, a importância de a lei expressamente afirmar o cabimento do agravo de instrumento, já que pelo sistema recursal inaugurado pelo Código de Processo Civil só são agraváveis as decisões interlocutórias expressamente indicadas por lei (art. 1.015). Pois o cabimento de agravo de instrumento contra a decisão que resolve o incidente de desconsideração da personalidade jurídica vem expressamente afirmado no art. 1.015, IV. É agravável não só a decisão de *meritis* proferida no incidente, mas também a que o declara inadmissível (liminarmente ou após a manifestação do requerido). Eventuais outras decisões interlocutórias proferidas no curso do incidente, porém (como seria o caso de alguma decisão que indeferisse a produção de certa prova), serão irrecorríveis, só podendo ser impugnadas juntamente com a decisão final do incidente (aplicando-se, por analogia, o disposto nos §§ 1º e 2º do art. 1.009 do CPC)".[199]

---

[196] Do incidente de desconsideração da personalidade jurídica. In: *Breves comentários ao Novo Código de Processo Civil*. WAMBIER, Teresa Arruda Alvim, DIDIER JUNIOR, Fredie, TALAMINI, Eduardo, DANTAS, Bruno (coords.) São Paulo: RT, 2015. p. 431.

[197] AMARAL, Guilherme Rizzo. "É nula a decisão que desconsidera a personalidade jurídica proferida sem a devida citação (ou intimação) e o decurso do prazo para a manifestação do indivíduo atingido pela medida. Isto não significa, todavia, que não possa o juiz adotar medidas de urgência para garantir o resultado útil do processo antes da citação dos sócios ou da pessoa jurídica. Tal decorre de seu poder geral de cautela e da própria disposição contida no art. 297, *caput*, do CPC".

[198] Art. 136. Concluída a instrução, se necessária, o incidente será resolvido por decisão interlocutória.Paragrafo único. Se a decisão for proferida pelo relator, cabe agravo interno.

[199] Do incidente de desconsideração da personalidade jurídica, p. 434. In: *Breves comentários ao Novo Código de Processo Civil*. WAMBIER, Teresa Arruda Alvim, DIDIER JUNIOR, Fredie, TALAMINI, Eduardo, DANTAS, Bruno (coords.). São Paulo: RT, 2015.

Quando o incidente é julgado procedente, a alienação ou a oneração de bens, havida em fraude de execução, será ineficaz em relação ao requerente, consoante art. 137.

Uma última questão reside na possibilidade de ser repetido o incidente, diante do julgamento de improcedência. Em nossa visão, o eventual indeferimento da postulação de desconsideração da personalidade jurídica não inibe futura repetição, desde que demonstrados cabalmente a presença dos seus requisitos. Diante de dúvidas, privilegia-se o provimento jurisdicional anterior.[200] Pode ocorrer, inclusive, que os pressupostos da *disregard* sejam observados em momento posterior ao indeferimento do pleito, circunstância que propicia nova análise judicial. Nessa linha, consideramos correta a orientação pretoriana, no sentido de que "pode a parte exequente solicitar ao juízo reiteradas vezes a desconsideração da personalidade jurídica, desde que fundada em elementos novos capazes de comprovar a situação da empresa executada, não havendo falar em coisa julgada ou preclusão". [201]

---

[200] Nesse sentido: "AGRAVO DE INSTRUMENTO. RESPONSABILIDADE CIVIL. AÇÃO DE REPARAÇÃO DE DANOS MATERIAIS E MORAIS. FASE DE CUMPRIMENTO DA SENTENÇA. ACORDO HOMOLOGADO JUDICIALMENTE. PEDIDO DE DESCONSIDERAÇÃO DA PERSONALIDADE JURÍDICA DA EXECUTADA MARIÁ CALÇADOS. PLEITO INDEFERIDO EM DUAS OPORTUNIDADES ANTERIORES. REITERAÇÃO EM VISTA DO NOVO PROCEDIMENTO DISCIPLINADO NO ART. 133 E SEGUINTES DO CPC/2015. PLEITO CONSIDERADO MERO PEDIDO DE RECONSIDERAÇÃO SOBRE QUESTÃO PRECLUSA. IRRESIGNAÇÃO. AUSÊNCIA DE INDICAÇÃO DE NOVOS PRESSUPOSTOS PREVISTOS NA LEI DE DIREITO MATERIAL. PRECLUSÃO. A instauração de incidente de desconsideração da personalidade jurídica imediatamente após o indeferimento de outros dois pedidos formulados pela parte no mesmo sentido, na vigência do CPC/1973, sem demonstração de alteração do contexto fático ou embasamento em novas provas, deve ser considerado simples pedido de reconsideração, e, como tal indeferido. Recurso a que se nega seguimento porque manifestamente improcedente, com base no art. 932, inciso III, do CPC." TJRS, AI 70070556360, 9. C.C., Rel. Des. Miguel Ângelo da Silva, j. 09.08.2016.

[201] TJRS, AC 70069720837, 16. C.C., Rel. Des. Ergio Roque Menine, j. 11.08.2016.

Capítulo 6. *Amicus curiae*

"Por outro lado, e ainda levando em conta a qualidade da satisfação das partes com a solução dada ao litígio, previu-se a possibilidade da presença do *amicus curiae*, cuja manifestação com certeza tem aptidão de proporcionar ao juiz condições de proferir decisão mais próxima às reais necessidades das partes e mais rente à realidade do país. Criou-se regra no sentido de que a intervenção pode ser pleiteada pelo *amicus curiae* ou solicitada de ofício, como decorrência das peculiaridades da causa, em todos os graus de jurisdição. Entendeu-se que os requisitos que impõem a manifestação do *amicus curiae* no processo, se existem, estarão presentes desde o primeiro grau de jurisdição, não se justificando que a possibilidade de sua intervenção ocorra só nos Tribunais Superiores. Evidentemente, todas as decisões devem ter a qualidade que possa proporcionar a presença do *amicus curiae*, não só a última delas". (trecho da *Exposição de Motivos*, do Código de Processo Civil/2015)

6.1. A recepção do *amicus curiae* no direito processual brasileiro

A admissão do *amicus curiae* no direito brasileiro é relativamente recente.[202] Bastaria consultar os currículos de nossas principais Faculdades ou entrevistar os bacharéis por elas formados até a década de 2000 para se constatar que o estudo do *amicus curiae* era praticamente inexistente. Entretanto, no direito comparado, é uma figura consagrada, justificada pela necessidade de se realizar o postulado democrático na aplicação do direito.

Com efeito, a compreensão do papel do *amicus curiae* passa pelo reconhecimento de que o processo, muito mais do que um mero

---

[202] Sobre as origens do *amicus curiae*, BUENO, Cassio Scarpinella. *Amicus curiae no processo civil brasileiro*: um terceiro enigmático. 3. ed. São Paulo: Saraiva, 2012.

"instrumento técnico", é um "instrumento ético de participação política, de afirmação da liberdade e preservação da igualdade entre os homens", como ensinam Cândido Rangel Dinamarco, Ada Pellegrini Grinover e Antonio Carlos Cintra.[203]

Um sistema processual que almeje cumprir com as promessas constitucionais deve propiciar meios efetivos para que os cidadãos participem da elaboração dos provimentos judiciais. Ampliando o acesso à justiça e fortalecendo o contraditório, o direito processual realiza o ideal de cidadania. Como lembra José Joaquim Calmon de Passos, é o princípio democrático que deve ditar as regras do processo civil, visto que: "[...] direito é decisão; destarte a participação no processo decisório, em todos os seus pressupostos e fases, revela-se um elemento constitutivo da dimensão democrática do Estado de Direito, uma garantia para o cidadão e um espaço real de liberdade e de efetiva autodeterminação, indispensáveis para haver real cidadania. Digo mais: é a única forma de realizar os direitos fundamentais, bem como os que deles decorrem como seus desdobramentos, tirando-os do mundo do faz de conta dos enunciados bombásticos para colocá-los no mundo real dos acontecimentos".[204]

Surge o *amicus curiae*, portanto, como um dos remédios adequados para a crise de legitimidade do direito e para a afirmação da cidadania.[205]

Essa vinculação entre democracia e a atividade do *amicus curiae* também é ressaltada na lição de Teresa Arruda Alvim Wambier e José Miguel Garcia Medina: "Na medida em que os problemas jurídicos interessam não apenas às partes, mas a uma parcela mais ampla da sociedade, ou a toda a sociedade, deve o sistema possibilitar a participação de terceiros que, de modo representativo, possam expor, no processo, o ponto de vista das esferas individuais ou dos grupos afetados. Se é certo que os grupos atingidos pela decisão judicial a ser proferida não decidem com o Estado, não menos acertado é dizer que à sociedade devem ser assegurados instrumentos de participação no procedimento, a fim de que possa informar-se, analisar as opções que no processo são colocadas, indicar suas objeções a que uma ou outra solução seja escolhida, e ter suas objeções analisadas pelo Poder Judiciário. A participação do *amicus curiae* no processo,

---

[203] *Teoria Geral do Processo*, São Paulo: Malheiros, 2003, p. 16.

[204] *Direito, poder, justiça e processo*. Rio de Janeiro: Forense, 1999.

[205] Sobre a figura do *amicus curiae*, ver ensaio do Min. Milton Luiz Pereira, RePro, v. 27, n. 109, jan./mar. 2003, p.39. Sob o título: *Amicus Curiae* – Intervenção de Terceiros.

assim, liga-se à noção de direito de participação procedimental, que é inerente à ideia de Estado Democrático de Direito".[206]

Em que pese encontrarmos antecedentes do "amigo da corte" em épocas mais antigas, como no período clássico do direito romano, a doutrina costuma apontar o sistema da *common law* britânica como a origem moderna da figura, especialmente após o século XIII.[207] Historicamente, o advogado inglês está habituado a encontrar, ocasionalmente, o Procurador-Geral representando o governo nas causas que possam interessar a soberania.[208] Contudo, embora semeado no sistema inglês, foi na *common law* norte-americana que o *amicus curiae* encontrou espaço para florescer nos últimos séculos.

O Ministro Adhemar Maciel, em sintético ensaio sobre a origem do *amicus curiae* no direito norte-americano, apresenta o Caso Gideon. Consta que um americano fora acusado de ter invadido domicílio alheio, cometendo um crime não punível com pena capital. De acordo com as leis de então do Estado da Flórida, quando não se tratasse de "crime capital", o julgamento poderia ocorrer sem que o réu contasse com a assistência técnica de advogado. Embora tendo pedido um defensor, o Tribunal negou o requerimento, alegando que "sob as leis do Estado da Flórida, a única modalidade em que o Tribunal tem de nomear um advogado para o réu é quando ele está sendo acusado de crime capital. Sinto muito, mas tenho que indeferir seu pedido para que um advogado possa defendê-lo (dativamente) neste caso". Houve condenação de 5 anos de prisão e interposição de *habeas corpus* perante a Suprema Corte da Flórida, com o argumento de que, ao privá-lo de defesa técnica, a Constituição Federal fora violada. A denegação da ordem determinou o *writ of certiorari* a ser apreciado pela Suprema Corte. Ao todo, intervieram cerca de 22 Estados e entidades públicas, cada um tendo apresentado suas razões. Foi, enfim, reformada a sentença e declarada sua absolvição. A partir desse exemplo, o autor conclui: "Vê-se, por esse exemplo, escolhido a esmo, a importância da participação de segmentos sociais, oficiais ou não, na formação da Justiça. Nada mais democrático e represen-

---

[206] *Amicus Curiae*. In: *O Terceiro no Processo Civil Brasileiro e Assuntos Correlatos*. DIDIER JUNIOR, Fredie (org.). São Paulo RT. 2010. p. 496.

[207] Inúmeros autores sustentam que, em realidade, já no direito romano havia um antecedente decisivo, a partir da autorização do "judex" convocar expertos para pedir conselhos ou ajuda. Nesse sentido: Andrés Napoli e Juan Martín Vezzulla: "El *amicus curiae* en las causas ambientales", in *Fundación Ambiente y Recursos Naturales*, <www.farn.org.ar> (08/08/2008).

[208] Ernest Angell: "*The Amicus Curiae*: American Development of English Institutions". In: *The International and Comparative Law Quarterly*, v. 16, n. 4, Cambridge University Press, 1967, p. 1067. O mesmo autor destaca que no sistema estadunidense o leading case ocorre em 1812, com a admissão pela Suprema Corte da manifestação do Attorney General of the United States.

tativo. No Brasil, onde temos um sistema fechado e legal, essa democratização seria impensável".[209]

Nesse sentido, Ernest Angell, após avaliar os pronunciamentos da Suprema Corte dos Estados Unidos nos anos anteriores, dividiu os *amicus curiae* em três categorias centrais[210]: (a) os representantes legais do governo (união, estados, municípios, etc.); (b) as organizações privadas de profissionais (sindicatos de empregadores e empregados, associações de classe, etc.) e (c) as associações não governamentais de defesa de interesses públicos (tribos, igrejas, associações sem fins lucrativos para defesa de direitos das minorias, meio ambiente, patrimônio público, etc.).[211]

No Brasil, o *amicus curiae* foi paulatinamente incorporado à ordem processual, a partir de 1976, quando, pela vez primeira, encontrou apoio na Lei que criou a Comissão de Valores Mobiliários (Lei 6.385/76). Prescreve o art. 31:

> Art. 31. Nos processos judiciários que tenham por objetivo matéria incluída na competência da Comissão de Valores Mobiliários, será esta sempre intimada para, querendo, oferecer parecer ou prestar esclarecimentos, no prazo de quinze dias a contar da intimação.
>
> § 1º A intimação far-se-á, logo após a contestação, por mandado ou por carta com aviso de recebimento, conforme a Comissão tenha, ou não, sede ou representação na comarca em que tenha sido proposta a ação.

---

[209] *Amicus Curiae*: Um Instituto Democrático. In: *Jornal Síntese* nº 63, mai/2002, p. 3. O autor ainda apresenta requisitos da Suprema Corte Americana para aceitação do *amicus curiae*: "A *Rule* 37 do Regimento Interno da Suprema Corte dos Estados Unidos, por exemplo, traz 6 itens e subitens sobre o *Brief for an Amicus Curiae* naquele Tribunal. Vamos, para não fugir de uma ideia, pinçar os tópicos mais importantes: 1. O reconhecimento pela Corte da importância do instituto, uma vez que o *amicus curiae* deve trazer 'matéria relevante' (*relevant matter*) ainda não agitada pelas partes (*not already brought to its attention by the parties*). O dispositivo regimental lembra que se não for observado esse cânone (matéria relevante, não trazida antes), o amicus vai sobrecarregar inutilmente a Corte. 2. O *amicus curiae* deve trazer, por escrito, o assentimento das partes em litígio, nos casos especificados regimentalmente. Caso seja negado o consentimento, o *amicus* terá de juntar, com seu pedido, os motivos da negação para que a Corte aprecie. 3. Mesmo em se tratando de pedido de intervenção para sustentação oral, o *amicus* deve, ainda assim, juntar o consentimento das partes, por escrito, para que possa peticionar. 4. O *Solicitor General* não necessita de consentimento das partes para intervir em nome da União. O mesmo tratamento é reservado a outros representantes de órgãos governamentais, quando legalmente autorizados. 5. O arrazoado não deve ir além de cinco páginas. 6. Em sendo o caso, o *amicus* deve ser munido de autorização de seu representado, e fazer uma espécie de 'preparo' para custeio processual, salvo se a entidade estiver previamente arrolada como isenta".

[210] Op. cit., p. 1019.

[211] Já Gregory Caldeira e John Wright, na pesquisa publicada em 1990, identificam 17 categorias de *amici curiae*, especificando ainda mais o estudo de Ernest Angell. Gregory Caldeira e John Wright: "Amici Curiae before the Supreme Court: Who participates, when, and how much?", in: *The Journal of Politics*, v. 52, n. 3, Cambridge University Press, 1990, p. 782-806.

§ 2º Se a Comissão oferecer parecer ou prestar esclarecimentos, será intimada de todos os atos processuais subsequentes, pelo jornal oficial que publica expedientes forense ou por carta com aviso de recebimento, nos termos do parágrafo anterior.

§ 3º A comissão é atribuída legitimidade para interpor recursos, quando as partes não o fizeram.

§ 4º O prazo para os efeitos do parágrafo anterior começará a correr, independentemente de nova intimação, no dia imediato aquele em que findar o das partes.

Quanto a esta previsão normativa, destacava o professor Osvaldo Hamilton Tavares que: "O juiz, pela própria natureza de sua formação profissional, não está em condições de resolver todos os problemas que se apresentam à sua apreciação. Depende, portanto, dos esclarecimentos que lhe são fornecidos pelos técnicos da CVM. Assim, a Comissão de Valores Mobiliários deverá traduzir para o juiz aquelas impressões e conclusões que colheram no exame dos fatos do processo, tornando acessível ao conhecimento do magistrado aquilo que normalmente ele não poderia conseguir sozinho, ou somente conseguiria após um ingente esforço. Embora não fique o juiz adstrito ao parecer e aos esclarecimentos da CVM, podendo dela divergir, o certo é que a opinião do técnico do Mercado de Capitais é essencial ao esclarecimento dos fatos e forma um contingente imprescindível para a boa compreensão das questões postas ao debate".[212]

Todavia, o efetivo desenvolvimento da intervenção no dia a dia do foro, apenas foi notado com a Lei da Ação Direta de Inconstitucionalidade, abaixo destacada.

6.2. O amadurecimento do *amicus curiae* no sistema de controle de constitucionalidade

O passo decisivo para a afirmação do *amicus curiae* em solo brasileiro ocorreu com a edição da lei que regula o processo e julgamento da ação direta de inconstitucionalidade e da ação declaratória de constitucionalidade perante o Supremo Tribunal Federal. O art. 7º, § 2º, da Lei 9.868/99, autorizou o Relator, "considerando a relevância da matéria e a representatividade dos postulantes", a admitir "a manifestação de outros órgãos ou entidades".[213] Abriu-se espaço, desta

---

[212] "A CVM como *Amicus Curiae*". In: *Revista dos Tribunais*, n° 690, São Paulo, 1993, p. 286.

[213] Art. 7º: "Não se admitirá intervenção de terceiros no processo de ação direta de inconstitucionalidade. [...] § 2º O relator, considerando a relevância da matéria e a representatividade dos postulantes, poderá, por despacho irrecorrível, admitir, observado o prazo fixado no parágrafo anterior, a manifestação de outros órgãos ou entidades".

forma, para que terceiros – "alheios" à relação processual estabelecida – pudessem também participar da formação do provimento.

No direito brasileiro, merece destaque a decisão proferida na Medida Cautelar na Ação Direta de Inconstitucionalidade n° 2130/SC, cujo relator foi o Ministro Celso de Mello. Neste provimento inovador de 2000, afirmou o Relator que "[...] no estatuto que rege o sistema de controle normativo abstrato de constitucionalidade, o ordenamento positivo brasileiro processualizou a figura do *amicus curiae* (Lei n° 9.868/99, art. 7°, § 2°), permitindo que terceiros – desde que investidos de representatividade adequada – possam ser admitidos na relação processual, para efeito de manifestação sobre a questão de direito subjacente à própria controvérsia constitucional". A finalidade da intervenção foi apreendida no seguinte trecho: "[...] a admissão de terceiro, na condição de *amicus curiae*, no processo objetivo de controle normativo abstrato, qualifica-se como fator de legitimação social das decisões da Suprema Corte, enquanto Tribunal Constitucional, pois viabiliza, em obséquio ao postulado democrático, a abertura do processo de fiscalização concentrada de constitucionalidade, em ordem a permitir que nele se realize, sempre sob uma perspectiva eminentemente pluralística, a possibilidade de participação formal de entidades e de instituições que efetivamente representem os interesses gerais da coletividade ou que expressem os valores essenciais e relevantes de grupos, classes ou estratos sociais. Em suma: a regra inscrita no art. 7°, § 2°, da Lei n° 9.868/99 – que contém a base normativa legitimadora da intervenção processual do *amicus curiae* – tem por precípua finalidade pluralizar o debate constitucional".

Com apoio na doutrina de Paolo Bianchi, sublinhou que: "[...] a admissão do terceiro, na condição de *amicus curiae*, no processo objetivo de controle normativo abstrato, qualifica-se como fator de legitimação social das decisões do Tribunal Constitucional, viabilizando, em obséquio ao postulado democrático, a abertura do processo de fiscalização concentrada de constitucionalidade, em ordem a permitir que nele se realize a possibilidade de participação de entidades e de instituições que efetivamente representem os interesses gerais da coletividade ou que expressem os valores essenciais e relevantes de grupos, classes ou estratos sociais".

Em conclusão, apontou que, ao admitir os *amici*, "[...] o Supremo Tribunal Federal, em assim agindo, não só garantirá maior efetividade e atribuirá maior legitimidade às suas decisões, mas, sobretudo, valorizará, sob uma perspectiva eminentemente pluralística, o sentido essencialmente democrático dessa participação processual, enriquecida pelos elementos de informação e pelo acervo de experiências que o *amicus curiae* poderá transmitir à Corte Constitucional, notadamente em um processo – como o de controle abstrato de constitucionalidade – cujas implicações políticas, sociais, econômicas, jurídicas e culturais são de irrecusável importância e de inquestionável significação".

A lição influenciou os julgados sucessivos e bem apreendeu o significado político e constitucional da intervenção.[214]

6.3. Requisitos necessários para a admissão do *amicus curiae* perante o Supremo Tribunal Federal

6.3.1. Representatividade do postulante

O primeiro requisito para se admitir a manifestação de terceiros reside na representatividade adequada do postulante. Ou seja, inexiste autorização constitucional para que toda e qualquer pessoa participe do debate constitucional travado nas relações processuais. É imprescindível, portanto, identificar o melhor porta-voz da sociedade civil, a partir da valoração da biografia do interessado.

Em linha de princípio, o amigo da corte será uma pessoa jurídica que reúna contingente significativo de membros e simpatizantes. Sem olvidar os tradicionais representantes que ostentam legitimidade para defraudar o processo de fiscalização de normas, o papel pode ser desempenhado por Organizações Não Governamentais, Universidades, Fundações, Sindicatos, Escolas, Associações, Federações e tantos outros entes que, no seio da sociedade, desfrutem de prestígio em razão da excelência de seu trabalho. Episodicamente, o amigo da Corte poderá ser uma pessoa física, ouvida pela Corte com o objetivo de alertá-la para a realidade da causa e os efeitos da decisão. Representatividade, no ponto, é um conceito que

---

[214] Outras decisões relevantes para o desenvolvimento do instituto são as seguintes monocráticas: ADI 3259/PA, Rel. Min. Grau, j. 27/10/2004; ADPF 54/DF, Rel. Min. Marco Aurélio, j. 25.10.2004; ADI 3268MC/RJ, rel. Min. Celso de Mello, j. 20.10.2004; ADI 2039/RS, Rel. Min. Gilmar Mendes, j. 19.10.2004; ADI 3045/DF, Rel. Min. Celso de Mello, j. 05.10.2004; ADI 2825AgR/ RJ, Rel. Min. Joaquim Barbosa, j. 30/09/2004; ADI 2746/ES, Rel. Min. Eros Grau, j. 08.09.2004; ADI 3019/RJ, Rel. Min. Celso de Mello, j. 20.05.2004; ADI 2961/MG, Rel. Min. Joaquim Barbosa, j. 24.03.2004; ADI 3028/RN, Rel. Min. Marco Aurélio, j. 22.11.2003; ADI 2999/ RJ, Rel. Min. Gilmar Mendes, j. 30.10.2003. ADPF 54, Rel. Min. Marco Aurélio, j. 01.07.2004.

liga umbilicalmente com idoneidade. Consideramos coerente exigir-se a pertinência temática entre a matéria discutida no processo e os fins institucionais do *amicus curiae*.

6.3.2. Relevância da fundamentação (intensificação do contraditório)

A segunda exigência a ser superada pelo postulante deriva da finalidade da intervenção, qual seja a intensificação do contraditório. Mediante a introdução de dados e argumentos inéditos, o terceiro permite que a Corte medite sobre a realidade subjacente à causa e os efeitos da decisão. O *amicus curiae*, por sua atuação pretérita, invariavelmente possui ampla experiência para aportar aos autos indicativos seguros.

A vinculação entre o *amicus curiae* e a garantia constitucional do contraditório é nítida. Nesse ponto, convém relembrar sua perspectiva metodológica, bem apreendida por Carlos Alberto Alvaro de Oliveira, quando afirma que, na sociedade atual, em permanente mudança, "[...] ostenta-se inadequada a investigação solitária do órgão judicial. Ainda mais que o monólogo apouca necessariamente a perspectiva do observador e em contrapartida o diálogo, recomendado pelo método dialético, amplia o quadro de análise, constrange à comparação, atenua o perigo de opiniões preconcebidas e favorece a formação de um juízo mais aberto e ponderado. A faculdade concedida aos litigantes de pronunciar-se e intervir ativamente no processo impede, outrossim, que se sujeitem passivamente à definição jurídica ou fáctica da causa efetuada pelo órgão judicial. E exclui, por outro lado, o tratamento da parte como simples 'objeto' de pronunciamento judicial, garantindo o seu direito de atuar de modo crítico e construtivo sobre o andamento do processo e seu resultado, desenvolvendo antes da decisão a defesa das suas razões. A matéria vincula-se ao próprio respeito à dignidade humana e aos valores intrínsecos da democracia, adquirindo sua melhor expressão e referencial, no âmbito processual, no princípio do contraditório, compreendido de maneira renovada, e cuja efetividade não significa apenas debate das questões entre as partes, mas concreto exercício do direito de defesa para fins de formação do convencimento do juiz, atuando, assim, como anteparo à lacunosidade ou insuficiência da sua cognição".[215]

---

[215] Carlos Alberto Alvaro de Oliveira: "A Garantia do Contraditório", em Academia Brasileira de Direito Processual Civil, <www.abdpc.org.br>. Acesso em 20.08.2015.

Agrega Daniel Colnago Rodrigues que "a participação do *amicus curiae* no processo é expressão do redimensionamento por que vem passando o princípio do contraditório e, acima de tudo, da necessidade de ampliação do espaço democrático no âmbito jurisdicional".[216]

Com efeito, a aproximação da sociedade civil do processo judicial atenua o risco de preconceitos na aplicação do direito e favorece a formação de um juízo mais aberto e ponderado. Dentro desse contexto de complexidade fática e mesmo jurídica, é indiscutível que a ampliação do debate fornece aos julgadores dados mais precisos para a elaboração dos votos e para a discussão colegiada.

6.4. A recepção do *amicus curiae* pelo CPC/2015

No CPC/73, o *amicus curiae* não constava no rol de intervenções de terceiro. Contudo, especialmente após a vigência da Emenda Constitucional n° 45/2004 ("Reforma do Judiciário") em face da introdução das "súmulas vinculantes" e da "repercussão geral no recurso extraordinário", houve a sua introdução no Código vigente nos artigos 543-A e 543-B. A admissão de *amicus curiae* costuma apontar para a relevância da causa.[217] Anos mais tarde (2008), a Lei n° 11.672 introduziu o art. 543-C, CPC/73, para regular o apreciação dos recursos repetitivos.

Sob esse enfoque, o regramento do "Novo CPC" surgiu em boa hora e conseguiu sistematizar a utilização do *amicus curiae*.

Com efeito, de forma expressa, o Novo Código de Processo Civil, em seu art. 138, contemplou a figura do *amicus curiae*. Universalizando a sua utilização, admitiu que "o juiz ou o relator, considerando a relevância da matéria, a especificidade do tema objeto da demanda ou a repercussão social da controvérsia, poderá, por decisão irrecorrível, de ofício ou a requerimento das partes ou de quem pretenda manifestar-se, solicitar ou admitir a participação de pessoa natural

---

[216] *Intervenção de terceiros*, São Paulo: RT, 2017, p. 109.

[217] Concordamos com Gregory Caldeira e John Right quando identificam pela Corte um tácito reconhecimento da relevância da causa, diante da admissão do *amicus curiae*: "the Supreme Court continued willingness to receive this rising tide of most briefs from not-so-disinterested third parties is, in our view, tacit recognition that most matters before the justices have vast social, political, and economic ramifications – far beyond the interest of the immediate parties". Gregory Caldeira e John Right: "Amici Curiae before the Supreme Court: Who participates, when, and how much?", in: *The Journal of Politics*, v. 52, n. 3, Cambridge University Press, 1990, p. 783.

ou jurídica, órgão ou entidade especializada, com representatividade adequada, no prazo de 15 (quinze) dias de sua intimação".[218]

A norma encarregou-se de dirimir algumas das questões que surgiam no foro, tais como: (a) a possibilidade da pessoa natural, em situações excepcionais, ser admitida como *amicus curiae*; (b) a convocação do *amicus curiae* por ato da própria Corte; (c) o requerimento de admissão formulado pelos interessados; (d) prazo legal para a manifestação, etc. Este regramento genérico contempla, grosso modo, as principais necessidades da sociedade, viabilizando o funcionamento do instituto.

Determina, ainda, o § 1º, do dispositivo em comento, que a intervenção de que trata o caput não implica alteração de competência nem autoriza a interposição de recursos, ressalvadas a oposição de embargos de declaração e a hipótese do § 3º, qual seja o recurso em face da decisão que julga o incidente de resolução de demandas repetitivas.

Em relação aos poderes do *amicus curiae*, consideramos que o Código foi prudente, ao disciplinar que "caberá ao juiz ou ao relator, na decisão que solicitar ou admitir a intervenção, definir os poderes do *amicus curiae*". Não há como definir aprioristicamente quais os poderes que devem ser confiados ao *amicus curiae*. Tradicionalmente, é admitida a apresentação de documentos, pareceres, estudos técnicos para iluminar o debate. Em casos específicos, nos quais por exemplo surja a necessidade da realização de uma audiência pública, a sua participação igualmente deve ser deferida.

Deve ser, igualmente, autorizada a sustentação oral, como meio de optimizar o contraditório, quando evidenciada que a sua participação tenha o condão de aportar subsídios para a tomada de decisão. Nos debates colegiados, serve a sustentação oral para propiciar infor-

---

[218] Reza o art. 138: "O juiz ou o relator, considerando a relevância da matéria, a especificidade do tema objeto da demanda ou a repercussão social da controvérsia, poderá, por decisão irrecorrível, de ofício ou a requerimento das partes ou de quem pretenda manifestar-se, solicitar ou admitir a participação de pessoa natural ou jurídica, órgão ou entidade especializada, com representatividade adequada, no prazo de 15 (quinze) dias de sua intimação. § 1º A intervenção de que trata o caput não implica alteração de competência nem autoriza a interposição de recursos, ressalvadas a oposição de embargos de declaração e a hipótese do § 3º. § 2º Caberá ao juiz ou ao relator, na decisão que solicitar ou admitir a intervenção, definir os poderes do *amicus curiae*. § 3º O *amicus curiae* pode recorrer da decisão que julgar o incidente de resolução de demandas repetitivas". Como anota o professor Fábio Caldas de Araújo: "dentre as inovações inseridas pelo novo Código de Processo Civil no campo da intervenção de terceiros destaca-se a previsão normativa da figura do *amicus curiae*, conforme disciplina o art. 138. Em um único dispositivo o legislador procurou delimitar a legitimidade, interesse da intervenção e faculdades processuais desta figura emblemática do direito processual civil brasileiro". *Intervenção de terceiros*, São Paulo: Malheiros, 2015, p. 214.

mações e ângulos de análise para todos os membros, o que pode ser útil para auxiliar a formação do convencimento dos magistrados.

Digno de nota, por fim, que não apenas no capítulo dedicado à intervenção de terceiros houve expressa previsão do *amicus curiae*. O CPC/2015 foi além e admitiu a sua participação dentro de institutos fundamentais, como no incidente de arguição de inconstitucionalidade[219] e no incidente de resolução de demandas repetitivas.[220] Isto demonstra, mais uma vez, a atualidade do *amicus curiae* em nosso direito.

---

[219] Art. 950: "Remetida cópia do acórdão a todos os juízes, o presidente do tribunal designará a sessão de julgamento. § 3º Considerando a relevância da matéria e a representatividade dos postulantes, o relator poderá admitir, por despacho irrecorrível, a manifestação de outros órgãos ou entidades".

[220] Art. 983: "O relator ouvirá as partes e os demais interessados, inclusive pessoas, órgãos e entidades com interesse na controvérsia, que, no prazo comum de 15 (quinze) dias, poderão requerer a juntada de documentos, bem como as diligências necessárias para a elucidação da questão de direito controvertida, e, em seguida, manifestar-se-á o Ministério Público, no mesmo prazo. § 1º Para instruir o incidente, o relator poderá designar data para, em audiência pública, ouvir depoimentos de pessoas com experiência e conhecimento na matéria. § 2º Concluídas as diligências, o relator solicitará dia para o julgamento do incidente".

Referências bibliográficas

ABRAÃO, Pauliane do Socorro Lisboa. Algumas considerações críticas sobre a natureza jurídica do *amicus curiae* no direito brasileiro. In: *Revista dialética de direito processual*, n. 105, p. 78-87, dez. 2011.

AGUIAR DIAS, José de. *Da Responsabilidade Civil*, v. 2. 8. ed. Rio de Janeiro: Forense, 1987.

ALMEIDA, Felipe Cunha de. A evicção sobre bem adquirido em hasta pública e o posicionamento doutrinário e jurisprudêncial acerca da (des)necessidade sobre denunciação da lide aos alienantes imediatos e/ou sucessórios. *Revista jurídica*, Porto Alegre, v. 60, n. 419, p. 55-71, set. 2012.

——. Hipóteses de desconsideração da personalidade jurídica: requisitos à luz do direito material e do Novo Código de Processo Civil. *Revista Jurídica*, ano 66, n. 483, pp. 9-40, jan. 2018.

ALMEIDA COSTA, Mário Júlio. *Direito das Obrigações*, 4. ed. Coimbra, Almedina, 2000.

ALVARO DE OLIVEIRA, Carlos Alberto. *Do Formalismo no Processo Civil*. Rio de Janeiro: Saraiva, 1997.

——. A garantia do contraditório. In: *Garantias Constitucionais do Processo Civil*. José Rogério Cruz e Tucci (coords.). São Paulo: RT, 1999, p. 132-150.

——. "A garantia do contraditório". In: *Academia Brasileira de Direito Processual Civil*, disponível em <www.abdpc.org.br> acesso em 20/08/2008.

——. *Alienação da Coisa Litigiosa*. 2.ed. Rio de Janeiro: Forense, 1986.

——. Efetividade e Processo de Conhecimento. In: *Revista da Faculdade de Direito da UFRGS*, v. 16, 1999, p. 07.

——. O Processo civil na perspectiva dos direitos fundamentais. In: *Revista Gênesis de Direito Processual Civil*, n. 26, out-dez, 2002.

——. Poderes do juiz e visão cooperativa do processo. In: *Revista Gênesis de Direito Processual Civil*, n. 27/22, jan-mar 2003.

AMARAL, Guilherme Rizzo. *Comentários às alterações do novo CPC*. São Paulo: RT, 2015.

ANGELL, Ernest. "The Amicus Curiae: American Development of English Institutions". In: *The International and Comparative Law Quarterly*, v. 16, n. 4, Cambridge University Press, 1967.

ARAÚJO CINTRA, Antônio Carlos de. *Do Chamamento à autoria*. Denunciação da lide. São Paulo: RT, 1973.

ARAÚJO, Fábio Caldas de. *Intervenção de terceiros*. São Paulo: Malheiros, 2015.

ARENHART, Sérgio Cruz; MARINONI, Luiz Guilherme. *Manual do Processo de Conhecimento*. São Paulo: RT, 2001.

ARRUDA ALVIM, José Manuel. Deveres das partes e dos procuradores, no direito processual civil brasileiro. *RePro*, 69/07.

——. *Manual de Direito Processual Civil*, v. 2. 6. ed. São Paulo: RT, 1997.

——. et al. Chamamento ao processo em ação declaratória positiva. *Revista de Processo*, nº 3, julho-setembro, 1976, p. 131-135.

ASSIS, Araken de. *Comentários ao Código de Processo Civil*, v. 6. 3ª tir. Rio de Janeiro: Forense, 2000.

——. *Manual do processo de execução*. 6. ed. São Paulo: RT, 2000.

——. Substituição processual. *RDCPC*, 26/44.

AZEM, Guilherme Beux Nassif. *A Repercussão Geral da questão constitucional no Recurso Extraordinário*. Porto Alegre: Livraria do Advogado, 2009.

BARBI, Celso Agrícola. *Chamamento ao Processo*. RF, 247/20.

——. *Comentários ao Código de Processo Civil*, v. 1, Tomo II, arts. 56 a 153. Rio de Janeiro: Forense, 1975.

BARBOSA MOREIRA, José Carlos. *Apontamentos para um estudo sistemático da legitimação extraordinária*. RT, v. 404, p. 09-18.

——. Notas sobre o problema da "efetividade" do processo. In: *Temas de processo civil*. 3ª série. São Paulo: Saraiva, 1984.

——. O Futuro da Justiça: Alguns Mitos. In: *Revista Síntese de Direito Civil e Processual Civil*, 06/36.

——. O problema da "divisão do trabalho" entre juiz e partes: aspectos terminológicos. *Revista de Processo*, 41/07.

——. Por um processo socialmente efetivo. In: *Revista Síntese de Direito Civil e Processual Civil*, 11/05.

——. Tutela de urgência e efetividade do direito. In: *Revista Gênesis de Direito Processual Civil*, n. 28/286, abr-jun 2003.

BEDAQUE, José Roberto dos Santos. *Direito e Processo – Influência do direito material sobre o processo*. 2. ed. 2. tir. São Paulo: Malheiros, 2001.

BINENBOJM, Gustavo. *A Nova Jurisdição Constitucional Brasileira*: legitimidade democrática e instrumentos de realização. 2. ed. Rio de Janeiro: Renovar, 2004.

BOECKEL, Fabrício Dani de. *Tutela jurisdicional do direito a alimentos*. Porto Alegre: Livraria do Advogado, 2007.

BONAVIDES, Paulo: *Curso de Direito Constitucional*. São Paulo: Malheiros, 2003 (1982).

BUENO, Cassio Scarpinella. *Amicus curiae no processo civil brasileiro*: um terceiro enigmático. 3. ed. São Paulo: Saraiva, 2012.

——. A denunciação da lide e o art. 456 do novo CC. In: *Direito civil e processo*: estudos em homenagem ao professor Arruda Alvim. São Paulo : Revista dos Tribunais, 2008. p. 742-755.

CALDEIRA, Gregory A.; John R. Wright: "Amici Curiae before the Supreme Court: Who participates, when, and how much?". In: *The Journal of Politics*, v. 52, n. 3, Cambridge University Press, 1990

CALMON DE PASSOS, José Joaquim. *Direito, poder, justiça e processo*. Rio de Janeiro: Forense, 2003 (1999).

CÂMARA, Alexandre Freitas. Do incidente de desconsideração da personalidade jurídica. In: *Breves comentários ao Novo Código de Processo Civil*. WAMBIER, Teresa Arruda Alvim, DIDIER JUNIOR, Fredie, TALAMINI, Eduardo, DANTAS, Bruno (coords.). São Paulo: Editora Revista dos Tribunais, 2015.

CAPPELLETTI, Mauro: *Acesso à Justiça*, Trad. Ellen Gracie Northfleet. Porto Alegre: Fabris, 1988.

——. *Programa de Responsabilidade Civil*. 4. ed. São Paulo: Malheiros, 2003.

——. Il Processo civile italiano nel quaddro della contrapposizione "civil law" – "common law". In: *Annali dell'Università di Macerata*, v. XXVI. Milano: Giuffrè, 1963.

CARNEIRO, Athos Gusmão. Denunciação da lide e chamamento ao processo. *Ajuris*, v. 8, n. 21, p. 24-47, mar. 1981.

——. *Intervenção de Terceiros*. 14. ed. São Paulo: Saraiva, 2003.

——. Mandado de segurança. Assistência e amicus curiae. In: *Revista Gênesis de Direito Processual Civil*, n. 27/189, jan-mar 2003.

——. O litisconsórcio facultativo ativo ulterior e os princípios do 'juiz natural' e do 'devido processo legal'. *Revista Síntese de Direito Civil e Processual Civil*, n.01/17, set-out/1999.

CARPI, Federico; TARUFFO, Michele. *Commentario Breve al Codice di Procedura Civile*. 3. ed. Padova: CEDAM, 1994.

CARREIRA ALVIM, J. E. Assistência litisconsorcial no mandado de segurança contra ato judicial. In: *RJ* n° 204/20.

CASTRO FILHO. Da evicção no direito brasileiro. In: *Direito civil e processo*: estudos em homenagem ao professor Arruda Alvim. São Paulo: Revista dos Tribunais, 2008. p. 202-206.

CAVALIERI FILHO, Sérgio. *Programa de Direito do Consumidor*. 3. ed. São Paulo: Atlas, 2011.

CINTRA, Antonio Carlos de Araujo; DINAMARCO, Cândido Rangel; GRINOVER, Ada Pellegrini. *Teoria Geral do Processo*. 19. ed. São Paulo: Malheiros, 2003.

COELHO, Fábio Ulhoa. *Curso de direito comercial*, vol. 2: direito de empresa. 13. ed. São Paulo: Saraiva. 2009.

COELHO, Gláucia Mara. Partes e terceiros no novo Código de processo civil. Gláucia Mara Coelho. In: *Revista do advogado*, v. 35, n. 126, p. 101-106, maio 2015.

COMOGLIO, Luigi Paolo; FERRI, Corrado; TARUFFO, Michele. *Lineamenti sul processo civile*. Bologna: Il Mulino, 1998.

CORRÊA DE OLIVEIRA, J. Lamartine. *A dupla crise da pessoa jurídica*. São Paulo: Saraiva, 1949.

CRUZ E TUCCI, José Rogério. *Tempo e Processo*. São Paulo: RT, 1997.

DIAS, Handel Martins. Análise crítica do projeto de novo Código de processo civil com relação à desconsideração da personalidade jurídica. *Revista Síntese: direito empresarial*, n. 32, p. 48-76, maio/jun. 2013.

DIAS, Maria Berenice. *O Terceiro no Processo*. Rio de Janeiro: AIDE, 1993.

DIDIER JUNIOR, Fredie. *Curso de Direito Processual*. Civil. v 1: introdução ao Direito Processual Civil, parte geral e processo de conhecimento. 17. ed. Salvador: Juspodivm, 2015.

——. Intervenção de terceiro: art. 1.698, decisão recente do STJ. In: *Revista Magister de direito civil e processual civil*, v. 7, n. 41, p. 5-7, mar./abr. 2011.

——. et al. *O Terceiro no Processo Civil Brasileiro e Assuntos Correlatos*. São Paulo: RT, 2010.

DINAMARCO, Cândido Rangel. *Capítulos de sentença*. São Paulo: Malheiros, 2003.

——. *Instituições de Direito Processual Civil*, v.1. São Paulo: Malheiros, 2002.

——. *Instituições de Direito Processual Civil*, v.2. 3.ed. São Paulo: Malheiros, 2003.

——. *Instrumentalidade do Processo*. São Paulo: São Paulo, 2000.

——. *Intervenção de Terceiros*. 3. ed. São Paulo: Malheiros, 2002.

——. Intervenção de terceiro no processo cautelar. *Ajuris*, 32, 216-224, 1984.

——. *Nova era do processo civil*. São Paulo: Malheiros, 2003.

——; CINTRA, Antonio Carlos de Araujo; GRINOVER, Ada Pellegrini. *Teoria Geral do Processo*. 19. ed. São Paulo: Malheiros, 2003.

FADEL, Sérgio Sahione. *Código de Processo Civil Comentado*, v. 1: arts. 1° a 443. 7ª ed. rev. e atual. Rio de Janeiro: Forense, 1988.

FAZZALARI, Elio. *Istituzioni di Diritto Processuale*. 5. ed. Padova: CEDAM, 1989.

——. *Lezioni di Diritto Processuale Civile*, v. 1. Padova: CEDAM, 1995.

——. *Valori permanenti del processo*. In *Diritto Naturale verso nuove prospettive*. Milano: Giuffrè, 1977.

FERREIRA DA SILVA, Luis Renato. A Função social do contrato no novo Código Civil e sua conexão com a solidariedade social. In: *O Novo Código Civil e a Constituição*. Org. Ingo Wolfgang Sarlet. Porto Alegre: Do Advogado, 2003.

FERREIRA FILHO, Manoel Gonçalves. O sistema constitucional brasileiro e as recentes inovações no controle de constitucionalidade (Leis n° 9.868, de 10 de novembro e n° 9.982, de 3 de dezembro de 1999. In: *Revista da Faculdade de Direito da UFRGS*, v. 18, p. 181.

FERREIRA MACIEL, Adhemar. *Amicus Curiae*: Um instituto democrático. *Jornal Síntese* n° 63, maio/2002, p. 3.

FERRI, Corrado; COMOGLIO, Luigi Paolo; TARUFFO, Michele. *Lineamenti sul processo civile*. Bologna: Il Mulino, 1998.

FLAKS, Milton. *Denunciação da lide*. Rio de Janeiro: Forense, 1984.

FRAGA DO COUTO, Francisco Norival. *Procedimento na Ação de Oposição*. Porto Alegre: LeJur, 1988.

FUX, Luiz. *Intervenção de Terceiros (Aspectos do Instituto)*. São Paulo: Saraiva, 1990.

GARCIA, Gustavo Filipe Barbosa. *Intervenção de terceiros*: litisconsórcio e integração à lide no processo do trabalho. São Paulo: Método, 2008.

GIORGIS, José Carlos Teixeira. *A lide como categoria comum do processo*. Porto Alegre: Lejur – Letras Jurídicas Editora Ltda., 1991.

GOMES, Magno Federici. Litisconsórcio anômalo na ação de alimentos avoengos. In: *Revista brasileira de direito processual*, v. 22, n. 86, p. 39-62, abr./jun. 2014.

GOMES, Orlando. *Contratos*. 18. ed. Rio de Janeiro: Forense, 1998.

——. *Direitos Reais*. 17. ed. Rio de Janeiro: Forense, 2000.

GOMES DA CRUZ, José Raimundo. Assistência simples e denunciação da lide. *RT* 616/34.

GRANADO, Daniel Willian. Notas sobre a denunciação da lide, o Projeto do novo CPC e a condenação direta do denunciado. In: *O direito de estar em juízo e a coisa julgada*: estudos em homenagem a Thereza Alvim. São Paulo: Revista dos Tribunais, 2014., p. 515-522.

GRASSO, Edoardo. La collaborazione nel processo civile. *Rivista di diritto processuale*, 21/580, 1966.

GRECO FILHO, Vicente. *A Intervenção de Terceiros no Processo Civil*. São Paulo: Saraiva, 1973.

——. *Direito Processual Civil Brasileiro*, v. I. 17. ed. São Paulo: Saraiva, 2003.

——. *Direito Processual Civil Brasileiro*, v. II. 16. ed. São Paulo: Saraiva, 2003.

GRINOVER, Ada Pellegrini et al. *Código de Defesa do Consumidor comentado pelos autores do anteprojeto*. 7. ed. Rio de Janeiro: Forense, 2001.

——. DINAMARCO, Cândido Rangel; CINTRA, Antonio Carlos de Araujo. *Teoria Geral do Processo*. 19. ed. São Paulo: Malheiros, 2003.

GUEDES, Clarissa Diniz. A relação de regresso e a denunciação da lide prejudicada : da não imposição de ônus sucumbenciais ao denunciante. In: *Revista forense*, v. 106, n. 408, p. 517-528, mar./abr. 2010.

GOMES, Renato Rodrigues. A denunciação da lide pelo Estado ao agente público causador do dano ao particular, sob o prisma da constitucionalização do direito. In Revista brasileira de direito público *RBDP*, v. 10, n. 39, p. 137-174, out./dez. 2012.

HABSCHEID, Walter. L'oggetto del processo nel diritto processuale civile tedesco. *Rivista di Diritto Processuale*, 35 (1980), pp. 454-464.

JAUERNIG, Othmar. *Direito Processual Civil*. Trad: F. Silveira Ramos. Coimbra: Almedina, 2002.

——. *Zivilprozessrecht*. 26. Auflage. München: Beck, 2000.

JAYME, Fernando Gonzaga et al. *Processo Civil Novas Tendências*. Belo Horizonte: Del Rey, 2008.

JOBIM, Marco Felix. *Cultura, Escolas e Fases Metodológicas do Processo*. 4. ed. Porto Alegre: Livraria do Advogado, 2018.

JORGE, Flávio Chem. Sobre a admissibilidade do chamamento ao processo. *RePro*, 93/109.

KRISLOV, Samuel. Samuel Krislov: "The Amicus Curiae Brief: From Friendship to Advocacy". In: *The Yale Law Journal*, v. 72, n. 4, The Yale Law Journal Company, 1963.

LA CHINA, Sergio. *Manuale di Diritto Processuale Civile*, v. I. Milano: Giuffrè, 2003.

LACERDA, Galeno Vellinho de. *Despacho Saneador*. Porto Alegre: Fabris, 1985.

——. O Código e o formalismo processual. *Revista da Ajuris*, n° 28, 1983.

——. Processo e cultura. *Revista de Direito Processual Civil*, 3° vol. São Paulo: Saraiva, 1962.

LEAL JUNIOR, Cândido A. S. Justificativa e função da assistência litisconsorcial no direito processual civil. *RePro*, 69/136.

LIEBMAN, Enrico Tullio. Concepto de la acción civil. In: *Revista de Estúdios Jurídicos y Sociales*, ano XIII, tomo XIII, n.70, Montevideo, 1970.

——. Manuale di Diritto Processuale, v. II. *Ristampa della quarta edizione*. Milano: Giuffrè, 1984.

LINS, Cristiane Delfino Rodrigues. *Oposição no direito brasileiro*. RT 782/147.

LUISO, Francesco Paolo. *Diritto Processuale Civile*, v. 1. 3. ed. Milano: Giuffrè, 2000.

LÔBO, Paulo. *Direito Civil*: Contratos. São Paulo: Saraiva, 2011.

——. *Direito Civil*: Famílias. 2. ed. São Paulo: Saraiva, 2009.

——. *Direito Civil*: Parte Geral. 2. São Paulo: Saraiva, 2010.

MADALENO, Rolf. *Curso de Direito de Família*. 5. ed. Rio de Janeiro: Forense, 2013.

MALACHINI, Edson Ribas. Responsabilidade civil do Estado e denunciação da lide. *Revista de Processo*, 40/20.

——. Seguro, resseguro, litisconsórcio e denunciação da lide. *Ajuris*, v. 23, n. 66, p. 343-358, mar. 1996.

MARINONI, Luiz Guilherme. *Novo curso de processo civil*: tutela dos direitos mediante procedimento comum, vol. II – São Paulo: RT, 2015.

——. Sobre o assistente litisconsorcial. *RePro* 58/250.

——; ARENHART, Sérgio Cruz. *Manual do Processo de Conhecimento*. São Paulo: RT, 2001.

——; ARENHART, Sérgio Cruz; MITIDIERO, Daniel. *Novo Código de processo civil comentado*. São Paulo: Revista dos Tribunais, 2015.

MARQUES, Cláudia Lima; BESSA, Leonardo Roscoe. *Manual de Direito do Consumidor*. 6ª ed. São Paulo: Revista dos Tribunais, 2014.

MARTINS-COSTA, Judith. *A boa-fé no Direito Privado*. São Paulo: RT, 2000.

MAZZEI, Rodrigo. Aspectos processuais da desconsideração da personalidade jurídica do Código de Defesa do Consumidor e no Projeto do Novo Código de Processo Civil. *Revista Síntese de Direito Empresarial*, São Paulo, Síntese, v. 4, n. 24, p. 9-40, jan./fev. 2012.

MEDINA, José Miguel Garcia. A responsabilização avoenga nos alimentos e a natureza jurídica do chamamento dos avós para integração da lide. *Revista de processo*, v. 35, n. 188, p. 331-346, out. 2010.

——. *Curso de Direito Processual Civil Moderno*. São Paulo: RT, 2017.

——. *Novo Código de Processo Civil Comentado*: com remissões e notas comparativas ao CPC/1973, São Paulo: RT, 2015.

MELO, Gustavo de Medeiros. Ação direta da vítima contra a seguradora no seguro de responsabilidade civil. In: *Revista de processo*, v. 40, n. 243, p. 41-58, maio 2015.

MENDES, Gilmar Ferreira. A nova proposta de regulação do controle abstrato de normas perante o Supremo Tribunal Federal. In: *Revista do TST*, v. 65, p. 187.

——. *Jurisdição constitucional*: o controle abstrato de normas no Brasil e na Alemanha, São Paulo: Saraiva, 2005 (1996).

MENDONÇA, Ricardo Magalhães de. Efeitos da sentença da ação principal em face do litisdenunciado : (possível a execução direta?). In: *Revista de processo*, v. 37, n. 204, p. 107-127, fev. 2012.

MIRAGEM, Bruno. Notas sobre a desconsideração da personalidade jurídica no direito civil e no direito do consumidor. *Revista Jurídica Empresarial*, v. 09, p. 13-26, 2009.

MITIDIERO, Daniel Francisco. *Precedentes*: da persuasão à vinculação. 2. ed. São Paulo: RT, 2017.

——. *A colaboração no Processo Civil*. São Paulo: RT, 2007.

——. A tutela dos direitos e a sua unidade: hierarquia, coerência e universabilidade dos precedentes. In: *Revista brasileira da advocacia*, v. 1, n. 3, p. 161-170, out./dez. 2016.

――. A multifuncionalidade do direito fundamental ao contraditório e a improcedência liminar (art. 285, CPC): resposta à critica de José Tesheiner. In: *Revista de processo*, v. 32, n. 144, p. 105-111, fev. 2007.

MONIZ DE ARAGÃO, Egas Dirceu. *Procedimento*: formalismo e burocracia. Revista Forense, v. 358, p.49.

――. Sobre o chamamento à autoria. *Ajuris*, 25/22.

MORAES, Voltaire de Lima. Da denunciação da lide e do chamamento ao processo na ação civil pública por dano ao meio ambiente. In: *Revista do Ministério Público do Rio Grande do Sul*, 50/101.

――. *Do chamamento ao processo*. Direito e Justiça, v. 11, ano IX, 1987, p. 53-69.

MUÑOZ, Pedro Soares. *Da intervenção de terceiros*. Estudos Sobre o Novo Código de Processo Civil. Porto Alegre: Bels, 1974.

MUSIELAK, Hans-Joachim. *Grundkurs ZPO*. 6. Auflage.- München: Beck, 2002.

NAPOLI, Andrés; Juan Martín Vezzulla: "El amicus curiae en las causas ambientales", in: Fundación Ambiente y Recursos Naturales, disponível em <www.farn.org.ar> acesso em 08/08/2008.

NERY JUNIOR, Nelson; ANDRADE NERY, Rosa Maria. Condições da Ação. *RePro*, 64/33.

――. *Código de Processo Civil Comentado*. 3. ed. São Paulo: RT, 1997.

NEVES, Daniel Amorim Assumpção. Intervenção de terceiros e a ação de alimentos. Disponível em <http://www.professordanielneves.com.br/artigos/201011151804040.intervencaodeterceiroseacaodealimentos.pdf>. Acesso em 07.07.2015.

NOBRE JUNIOR, Edilson Pereira. Responsabilidade civil do estado e denunciação da lide. In *RJ* nº 248/142.

OTERO, Paulo: *Lições de introdução ao estudo do Direito*, v. I, t. 2, Lisboa: Pedro Ferreira Artes Gráficas, 1999.

PÁDUA RIBEIRO, Antônio de. *A assistência no novo Código de Processo Civil*. RF

――. Das Nulidades. *RJ* nº 201/05.

PARGENDLER, Ari. A Assistência da União nas causas cíveis. In: *Jurisprudência Brasileira, Cível e Comercial*, n. 37, p. 15-45, 1980.

PELUSO, Antônio César. Chamamento ao processo em execução. *RePro*, 1/186.

PEREIRA, Caio Mário da Silva. *Instituições de Direito Civil*, v. II. 5. ed. Rio de Janeiro: Forense, 1996.

――. *Instituições de Direito Civil*, v. IV. 12. ed. Rio de Janeiro: Forense, 1995.

――. *Responsabilidade Civil*. 4. ed. Rio de Janeiro: Forense, 1993.

PEREIRA, Milton Luiz. *Amicus Curiae* – Intervenção de Terceiros. *Revista de Informação Legislativa* nº 156, out/dez 2002, pp. 7-11.

PONTES DE MIRANDA, Francisco Cavalcanti. *Comentários ao CPC*, t.II. 2. ed. Rio de Janeiro: Forense, 1974.

PORTO, Sérgio Gilberto. *Coisa Julgada Civil*. 2. ed. Rio de Janeiro: AIDE, 1998.

――. *Comentários ao CPC*, v. 6. São Paulo: RT, 2000.

PRATA, Edson. Assistência no processo civil. *Revista Brasileira de Direito Processual*, nº 37, jan-fev.1983, p. 55-65.

――. *Comentários ao CPC*, v. II, t. I. Rio de Janeiro: Forense, 1987.

REIS, José Alberto dos. *Intervenção de Terceiros*. Coimbra, 1948.

REIS, Marcelo Terra. Desconsideração da personalidade jurídica da sociedade empresária: fundamentos da Justiça do Trabalho. *Revista Síntese de Direito Empresarial*, São Paulo, Síntese, n. 21, p. 114-132, jul./ago. 2011.

REQUIÃO, Rubens. Abuso de direito e fraude através da personalidade jurídica (Disregard Doctrine). *Revista dos Tribunais* n. 410, São Paulo, Revista dos Tribunais, p. 12-24, 1969.

RESTIFFE, Lauro Paiva. Chamamento ao processo na execução. *Revista dos Tribunais*, nº 494. Dezembro, 1976, p. 12-16.

RIBEIRO, Roberto Victor Pereira. Breves apontamentos sobre intervenção de terceiros. *Revista dialética de direito processual*, n. 130, p. 97-103, jan. 2014.

RODRIGUES, Daniel Colnago. *Intervenção de terceiros*. São Paulo: RT, 2017.

——. A assistência provocada no processo civil brasileiro: possibilidade e conveniência. In: *Revista de processo*, v. 40, n. 240, p. 349-371, fev. 2015.

ROENICK, Hermann H. de Carvalho. *Intervenção de Terceiros – A Oposição*. Rio de Janeiro: Aide, 1995.

ROLLIN, Cristiane Soares Flores. A garantia da igualdade no processo civil frente ao interesse público. In: *Garantias do Cidadão no Processo Civil*. Sérgio Gilberto Porto (org.). Porto Alegre: Livraria do Advogado, 2003.

ROSEMBERG, Leo. *Tratado de Derecho Procesal Civil*, t.1. Trad. Angela Romera Vera. Buenos Aires: EJEA, 1955.

SANCHES, Sydney. Conseqüências da não denunciação da lide. *Ajuris*, 14, pp. 94-124, 1978.

——. *Denunciação da lide no direito processual brasileiro*. São Paulo: RT, 1984.

——. Denunciação da lide. *RePro*, 34/47.

SANSEVERINO, Paulo de Tarso Vieira. *Responsabilidade civil no Código de Defesa do Consumidor e a defesa do fornecedor*. São Paulo: Saraiva, 2002.

SANTOS, Ranieri de Andrade Lima. Divergências doutrinárias acerca da natureza jurídica do art. 1.698 do Código Civil. Consulex: *Revista jurídica*, v. 18, n. 420, p. 56-58, jul. 2014.

SCARPINELLA BUENO, Cássio. *Partes e Terceiros no Processo Civil Brasileiro*. Rio de Janeiro: Saraiva, 2003.

SERICK, Rolf. *Forma e realtà della persona giuridica*. Milão: Giuffrè, 1966.

SHIMURA, Sério Seiji. Denunciação da lide e ação regressiva. In: *Revista de Processo*, v. 15, n. 58, p. 215 a 218, abr/jun 1990.

SILVA, Ovídio Baptista da. Assistência Litisconsorcial. *Revista Brasileira de Direito Processual*, n. 42, abr-jun. 1984, pp. 87-128.

——. *Comentários ao Código de Processo Civil*, t. 1. São Paulo: RT, 2000.

——. *Curso de Processo Civil*, v.1. 2.ed. Porto Alegre: Fabris, 1991.

——. *Curso de Processo Civil*, v.1. 6.ed. São Paulo: RT, 2003.

SINTRA, Antônio Carlos; Ada Pellegrini Grinover; Cândido Rangel Dinamarco. *Teoria geral do processo*. São Paulo: Malheiros, 2003.

SOUBHIE, Berenice. Assistência simples e extinção do processo. *RePro*, 75/284.

SOUSA DINIS, Joaquim José de. Inovações e perspectivas no direito processual civil português. *Publicado no CD Juris Síntese* n° 33, jan/fev de 2002.

SOUZA NETTO, José Laurindo de. Hipóteses de cabimento dos honorários advocatícios na denunciação da lide. In: *Revista de processo*, v. 37, n. 208, p. 423-438, jun. 2012.

SPAGNOLO, Juliano. A Garantia do juiz natural e a nova redação do art. 253 do Código de Processo Civil (Lei 10.358/01). In: *Garantias do Cidadão no Processo Civil*. Sérgio Gilberto Porto (org.). Porto Alegre: Livraria do Advogado, 2003.

——. Uma visão dos alimentos através do prisma fundamental da dignidade da pessoa humana. In: PORTO, Sérgio Gilberto; USTÁRROZ, Daniel (Orgs.). *Tendências constitucionais no direito de família*. Porto Alegre: Livraria do Advogado, 2003.

STOCKINGER, Francisco Tiago Duarte. O Provimento jurisdicional e a garantia do contraditório. In: *Garantias do Cidadão no Processo Civil*. Sérgio Gilberto Porto (org.). Porto Alegre: Livraria do Advogado, 2003.

——. Reflexões sobre as condições da ação. *Revista Jurídica*, 308/60.

STRECK, Lenio Luiz: *Jurisdição constitucional e hermenêutica*: uma nova crítica do direito, Rio de Janeiro: Forense, 2004.

TARTUCE, Flávio. *Impactos do novo CPC no Direito Civil*. Rio de Janeiro: Forense; São Paulo: MÉTODO, 2015.

TARUFFO, Michele; CARPI, Federico. COMOGLIO, Luigi Paolo; FERRI, Corrado. *Lineamenti sul processo civile*. Bologna: Il Mulino, 1998.

——. *Commentario Breve al Codice di Procedura Civile*. 3.ed. Padova: CEDAM, 1994.

——. *Idee per una teoria della decisione giusta*. Disponível em <www.dirittosuweb.it>. Acesso em 24.04.2003.

——. *Il Controllo di razionalità della decisione fra logica, retórica e dialettica*. Disponível em <www.studiocelentano.it/lenuovevocideldiritto/testi/taruffoI.htm>. Acesso em 20.04.2003.

TARZIA, Giuseppe. Lineamenti del nuovo processo di cognizione. *Ristampa con aggiornamento*. Milano: Giuffre, 1996.

TAVARES, Hamilton Tavares: "A CVM como amicus curiae". *Revista dos Tribunais*, n° 690, São Paulo, 1993.

TEIXEIRA, Sálvio de Figueiredo. A nova etapa da reforma processual. *RJ*, n° 230/05.

TESHEINER, José Maria da Rosa. *Elementos para uma Teoria Geral do Processo*. São Paulo: Saraiva, 1993.

—— et al. Novas Reflexões sobre a Condenação Direta do Litisdenunciado. In: *Instrumentos de coerção e outros temas de direito processual civil*: estudos em homenagem aos 25 anos de docência do professor Dr. Araken de Assis. Rio de Janeiro: Forense, 2007.

——. *Partes no Processo Civil* – Conceito e Preconceito. Disponível em <www.tex.pro.br>. Acesso em 29.12.2003.

THEODORO JÚNIOR, Humberto. *A função social dos contratos*. Rio de Janeiro: Forense, 2004.

——. Arbitragem e terceiros – litisconsórcio fora do pacto arbitral – outras intervenções de terceiros. In: *Juris Síntese* n° 36, jul/ago de 2002.

——. *Curso de Direito Processual Civil*, v. 1. 31. ed. Rio de Janeiro: Forense, 2000.

——. *Intervenção de terceiros no processo civil*: denunciação da lide e chamamento ao processo. RePro, n° 16, outubro-dezembro, 1979, p. 49-58.

——. Litisconsórcio e intervenção de terceiros no processo civil brasileiro. *Forense* 334/57.

——. *L'estromissione di una parte dal giudizio*. Milano: Giuffrè, 1975.

TROCKER, Nicolò. Il nuovo articolo 111 della costituzione e il "giusto processo" in materia civile: profili generale. *Riv. Trim. Dir. Proc. Civ.*, giugno, 2001, anno LV, n. 2.

——. *L'intervento per ordine del giudice*. Milano: Giuffrè, 1984.

TRONCO, Daniel Vallandro. Denunciação da lide. *Revista Direito e Justiça*, v. 23, ano XXIII, 2001/1, p. 77.

VILLAR, Willard de Castro. Do chamamento ao processo. *Revista Forense*, 254/121.

VOGEL, Oscar. *Grundriss des Zivilprozessrechts*. Fünfte, nachgeführte Auflag. Bern: Stämfli Verlag, 1997.

WALD, Arnoldo. Da competência das agências reguladoras para intervir na mudança de controle das empresas concessionárias. In: *Jornal Síntese* n° 66, ago/2002, p. 3.

ZANZUCHI, Marco Tullio. *Diritto Processuale Civile*, v. II. 5.ed. Milano: Giuffrè, 1962.

ZAVASCKI, Teori. *Antecipação de Tutela*. 2. ed. São Paulo: Saraiva, 1999.

Anexo - Artigos relativos à intervenção de terceiros no CPC/2015

TÍTULO III
DA INTERVENÇÃO DE TERCEIROS

CAPÍTULO I
DA ASSISTÊNCIA

Seção I
Disposições Comuns

Art. 119. Pendendo causa entre 2 (duas) ou mais pessoas, o terceiro juridicamente interessado em que a sentença seja favorável a uma delas poderá intervir no processo para assisti-la.

Parágrafo único. A assistência será admitida em qualquer procedimento e em todos os graus de jurisdição, recebendo o assistente o processo no estado em que se encontre.

Art. 120. Não havendo impugnação no prazo de 15 (quinze) dias, o pedido do assistente será deferido, salvo se for caso de rejeição liminar.

Parágrafo único. Se qualquer parte alegar que falta ao requerente interesse jurídico para intervir, o juiz decidirá o incidente, sem suspensão do processo.

Seção II
Da Assistência Simples

Art. 121. O assistente simples atuará como auxiliar da parte principal, exercerá os mesmos poderes e sujeitar-se-á aos mesmos ônus processuais que o assistido.

Parágrafo único. Sendo revel ou, de qualquer outro modo, omisso o assistido, o assistente será considerado seu substituto processual.

Art. 122. A assistência simples não obsta a que a parte principal reconheça a procedência do pedido, desista da ação, renuncie ao direito sobre o que se funda a ação ou transija sobre direitos controvertidos.

Art. 123. Transitada em julgado a sentença no processo em que interveio o assistente, este não poderá, em processo posterior, discutir a justiça da decisão, salvo se alegar e provar que:

I – pelo estado em que recebeu o processo ou pelas declarações e pelos atos do assistido, foi impedido de produzir provas suscetíveis de influir na sentença;

II – desconhecia a existência de alegações ou de provas das quais o assistido, por dolo ou culpa, não se valeu.

Seção III
Da Assistência Litisconsorcial

Art. 124. Considera-se litisconsorte da parte principal o assistente sempre que a sentença influir na relação jurídica entre ele e o adversário do assistido.

CAPÍTULO II
DA DENUNCIAÇÃO DA LIDE

Art. 125. É admissível a denunciação da lide, promovida por qualquer das partes:

I – ao alienante imediato, no processo relativo à coisa cujo domínio foi transferido ao denunciante, a fim de que possa exercer os direitos que da evicção lhe resultam;

II – àquele que estiver obrigado, por lei ou pelo contrato, a indenizar, em ação regressiva, o prejuízo de quem for vencido no processo.

§ 1º O direito regressivo será exercido por ação autônoma quando a denunciação da lide for indeferida, deixar de ser promovida ou não for permitida.

§ 2º Admite-se uma única denunciação sucessiva, promovida pelo denunciado, contra seu antecessor imediato na cadeia dominial ou quem seja responsável por indenizá-lo, não podendo o denunciado sucessivo promover nova denunciação, hipótese em que eventual direito de regresso será exercido por ação autônoma.

Art. 126. A citação do denunciado será requerida na petição inicial, se o denunciante for autor, ou na contestação, se o denunciante for réu, devendo ser realizada na forma e nos prazos previstos no art. 131.

Art. 127. Feita a denunciação pelo autor, o denunciado poderá assumir a posição de litisconsorte do denunciante e acrescentar novos argumentos à petição inicial, procedendo-se em seguida à citação do réu.

Art. 128. Feita a denunciação pelo réu:

I – se o denunciado contestar o pedido formulado pelo autor, o processo prosseguirá tendo, na ação principal, em litisconsórcio, denunciante e denunciado;

II – se o denunciado for revel, o denunciante pode deixar de prosseguir com sua defesa, eventualmente oferecida, e abster-se de recorrer, restringindo sua atuação à ação regressiva;

III – se o denunciado confessar os fatos alegados pelo autor na ação principal, o denunciante poderá prosseguir com sua defesa ou, aderindo a tal reconhecimento, pedir apenas a procedência da ação de regresso.

Parágrafo único. Procedente o pedido da ação principal, pode o autor, se for o caso, requerer o cumprimento da sentença também contra o denunciado, nos limites da condenação deste na ação regressiva.

Art. 129. Se o denunciante for vencido na ação principal, o juiz passará ao julgamento da denunciação da lide.

Parágrafo único. Se o denunciante for vencedor, a ação de denunciação não terá o seu pedido examinado, sem prejuízo da condenação do denunciante ao pagamento das verbas de sucumbência em favor do denunciado.

CAPÍTULO III
DO CHAMAMENTO AO PROCESSO

Art. 130. É admissível o chamamento ao processo, requerido pelo réu:

I – do afiançado, na ação em que o fiador for réu;

II – dos demais fiadores, na ação proposta contra um ou alguns deles;

III – dos demais devedores solidários, quando o credor exigir de um ou de alguns o pagamento da dívida comum.

Art. 131. A citação daqueles que devam figurar em litisconsórcio passivo será requerida pelo réu na contestação e deve ser promovida no prazo de 30 (trinta) dias, sob pena de ficar sem efeito o chamamento.

Parágrafo único. Se o chamado residir em outra comarca, seção ou subseção judiciárias, ou em lugar incerto, o prazo será de 2 (dois) meses.

Art. 132. A sentença de procedência valerá como título executivo em favor do réu que satisfizer a dívida, a fim de que possa exigi-la, por inteiro, do devedor principal, ou, de cada um dos codevedores, a sua quota, na proporção que lhes tocar.

CAPÍTULO IV
DO INCIDENTE DE DESCONSIDERAÇÃO
DA PERSONALIDADE JURÍDICA

Art. 133. O incidente de desconsideração da personalidade jurídica será instaurado a pedido da parte ou do Ministério Público, quando lhe couber intervir no processo.

§ 1º O pedido de desconsideração da personalidade jurídica observará os pressupostos previstos em lei.

§ 2º Aplica-se o disposto neste Capítulo à hipótese de desconsideração inversa da personalidade jurídica.

Art. 134. O incidente de desconsideração é cabível em todas as fases do processo de conhecimento, no cumprimento de sentença e na execução fundada em título executivo extrajudicial.

§ 1º A instauração do incidente será imediatamente comunicada ao distribuidor para as anotações devidas.

§ 2º Dispensa-se a instauração do incidente se a desconsideração da personalidade jurídica for requerida na petição inicial, hipótese em que será citado o sócio ou a pessoa jurídica.

§ 3º A instauração do incidente suspenderá o processo, salvo na hipótese do § 2º.

§ 4º O requerimento deve demonstrar o preenchimento dos pressupostos legais específicos para desconsideração da personalidade jurídica.

Art. 135. Instaurado o incidente, o sócio ou a pessoa jurídica será citado para manifestar-se e requerer as provas cabíveis no prazo de 15 (quinze) dias.

Art. 136. Concluída a instrução, se necessária, o incidente será resolvido por decisão interlocutória.

Parágrafo único. Se a decisão for proferida pelo relator, cabe agravo interno.

Art. 137. Acolhido o pedido de desconsideração, a alienação ou a oneração de bens, havida em fraude de execução, será ineficaz em relação ao requerente.

CAPÍTULO V
DO *AMICUS CURIAE*

Art. 138. O juiz ou o relator, considerando a relevância da matéria, a especificidade do tema objeto da demanda ou a repercussão social da controvérsia, poderá, por decisão irrecorrível, de ofício ou a requerimento das partes ou de quem pretenda manifestar-se, solicitar ou admitir a participação de pessoa natural ou jurídica, órgão ou entidade especializada, com representatividade adequada, no prazo de 15 (quinze) dias de sua intimação.

§ 1º A intervenção de que trata o *caput* não implica alteração de competência nem autoriza a interposição de recursos, ressalvadas a oposição de embargos de declaração e a hipótese do § 3º.

§ 2º Caberá ao juiz ou ao relator, na decisão que solicitar ou admitir a intervenção, definir os poderes do *amicus curiae*.

§ 3º O *amicus curiae* pode recorrer da decisão que julgar o incidente de resolução de demandas repetitivas.

Impressão:
Evangraf
Rua Waldomiro Schapke, 77 - POA/RS
Fone: (51) 3336.2466 - (51) 3336.0422
E-mail: evangraf.adm@terra.com.br